La mystérieuse affaire Babin

Une énigme enfin résolue

ÉCRITS DES HAUTES-TERRES

La mystérieuse affaire Babin

Une énigme enfin résolue

RAYMOND OUIMET

COLLECTION « OUTAOUAIS »

Écrits des Hautes-Terres
42, rue Henri
Montpellier (Québec)
Canada J0V 1M0
Téléphone : 819 428-2337
Adresse électronique : info@hautes-terres.qc.ca
Site Internet : www.hautes-terres.qc.ca

Nous remercions le Conseil des Arts du Canada de l'aide accordée à notre programme
de publication. Les Écrits des Hautes-Terres reçoivent aussi l'aide de la Sodec, Société
de développement des entreprises culturelles.

Diffuseur
PROLOGUE INC.
1650, boulevard Lionel-Bertrand
Boisbriand (Québec)
Canada J7H 1N7
Téléphone : 450 434-0306
Télécopieur : 450 434-2627

ISBN : 978-2-922404-55-5

Dépôt légal :
Bibliothèque nationale du Québec, 2007.
Bibliothèque nationale du Canada, 2007.

À mon frère, Jean-Guy.

S'il n'existait qu'une seule vérité, on ne pourrait peindre
des centaines de tableaux sur un même sujet.

Pablo Picasso

Je crois qu'on peut se méprendre très longtemps sur la réalité
d'un homme et je pense qu'il arrive que
des hommes changent, que, chez des hommes, l'équilibre
des mobiles et des passions se déplace...

Léon Blum

INTRODUCTION

Combien de crimes restent impunis ? Ils sont vraisemblablement très nombreux. De 1971 à 2006 seulement, pas moins de 637 assassinats n'ont pas été résolus, et ce, juste sur le territoire de Montréal[1]. Qui prétend que le crime parfait n'existe pas ?

Voici l'histoire d'une enquête sur un ecclésiastique du XIXe siècle, Jérémie Babin, et les siens. Peu fier de ses origines acadiennes et françaises, Babin passe corps et âme dans le camp des descendants des conquérants britanniques. Sa famille, exceptionnelle tant par son apostasie que par sa réussite professionnelle, s'installe aux États-Unis peu de temps avant que l'un de ses membres, Marie Aglaé, meure tragiquement. Qui était son assassin ?

Les autorités canadiennes n'ont jamais réussi (ou voulu) à mettre la main au collet du prétendu meurtrier de Marie Aglaé, un certain Moïse Ledoux, ni même à démontrer, hors de tout doute, sa culpabilité ou son existence. Ainsi, ce crime n'a-t-il jamais été élucidé avant la présente étude.

Heureusement, il n'y a pas de prescription pour les meurtres. Aussi, bien qu'elle ait été assassinée il y a très longtemps et que son meurtrier ne puisse être condamné, puisqu'il est mort depuis belle lurette, Marie Aglaé Babin a droit à la justice, celle de l'Histoire. Cent quarante et un ans plus tard, j'ai entrepris de démasquer l'assassin de la jeune femme ; je crois avoir réussi. Pour ce faire, il m'a fallu consulter des dizaines de documents conservés tant à Montréal qu'à Ottawa, à Kankakee, Illinois, Cincinnati, Ohio, dresser les généalogies des familles concernées et lire de nombreux journaux d'époque.

Pourquoi une telle étude ? Parce que c'est toujours très stimulant pour une personne curieuse de tenter de résoudre une vieille énigme jamais résolue. Bien que l'historienne Hélène-Andrée Bizier ait traité de ce crime dans *La petite histoire du crime au Québec*, elle ne lui a accordé que trois pages

---

[1] *Le Journal de Montréal* (Montréal), 25 mai 2006.

et a repris un texte qu'Aegedius Fauteux avait publié dans *La Patrie* en 1922. Or, Fauteux n'a jamais soupçonné toute la complexité de ce drame aux nombreuses ramifications qui rendent l'histoire de ce crime des plus intéressantes.

Je remercie Elizabeth Abbott, qui a bien voulu partager avec moi ses connaissances sur la famille Abbott ; puis, le docteur Nancy Perron, pathologiste au Centre hospitalier des vallées de l'Outaouais, qui m'a fait part de ses commentaires sur les résultats de l'autopsie de Marie Aglaé Babin ; Albert Ledoux, pour son aide dans la consultation de recensements étasuniens ; Michel Béland, autrefois enquêteur à la Gendarmerie royale du Canada, qui a accepté de revoir mon enquête ; Renée Labat, qui a bien voulu réviser le manuscrit ; et mon frère Jean-Guy, pour son aide technique.

Gatineau, le 20 juin 2007.

> Le mal que font les hommes se prolonge après eux ;
> le bien est souvent enterré avec leurs ossements.

William Shakespeare
Jules César, acte III, scène II

I

L'INFIRME DE LA RIVIÈRE DU LIÈVRE

En cette soirée de la mi-avril 1866, un ciel couvert masque la lumière glauque d'une lune en décroissance, échappe des flocons sur la vallée de la Lièvre. Le printemps laurentien tarde à s'imposer ; les cours d'eau sont encore couverts d'une glace de plus en plus fragile. Quelle heure est-il ? Vingt et une, peut-être même vingt-deux heures. Le silence de la nuit, troublé par le seul bruit des chutes Dufferin, s'alourdit sur la vallée. Soudain, une carriole glisse sur la mince surface gelée de la rivière du Lièvre à la hauteur du village de Buckingham[2]. Elle fait le tour d'un caisson en construction, puis s'arrête. À son bord, deux personnes, peut-être trois. L'une d'entre elles en descend ; elle en porte une autre. À quelques reprises, on entend le bruit d'un contact avec l'eau et le gargouillement de bulles d'air qui remontent à la surface. Le cheval, dont les naseaux expirent de longs faisceaux de vapeur, s'ébroue brièvement. Une silhouette rongée par l'obscurité remonte dans la carriole et, soulagée de son fardeau, disparaît dans les flocons qui masquent la profondeur de la nuit. Et la rumeur des chutes

----

[2] Buckingham fait aujourd'hui partie de la ville de Gatineau.

Dufferin enveloppe de nouveau la rivière de son glacial murmure alors que les villageois, ignorant le drame qui vient de se dérouler, dorment à poings fermés dans le douillet confort de leur lit.

Deux mois et demi ont passé. Les fleurs de printemps sont fanées et les arbres, couverts de feuilles d'un vert lumineux. Les oiseaux peuplent les champs d'où s'élève l'aubade du chardonneret. L'été s'annonce radieux et une vague de chaleur engourdit le village de Buckingham, fondé en 1845, qui étale inégalement ses 1 200 habitants de chaque côté de la rivière du Lièvre. Un pont de bois, construit en 1857 en amont des chutes Dufferin, en relie les rives. Deux scieries emploient la majorité des villageois qui prétendent tous se connaître. Les anglophones d'origine anglaise et écossaise, avec leurs églises anglicane, baptiste ou presbytérienne, constituent l'élite de l'agglomération et en contrôlent l'économie. Les francophones et les Irlandais, pour la plupart catholiques, en forment le prolétariat[3] : en 1855, l'évaluation foncière protestante du canton de Buckingham est de 110 000 livres, celle des catholiques, de 25 000 livres seulement. À part le pasteur de la mission anglicane de St. Stephen, le révérend Jérémie Babin, quelques rares francophones – six foyers dans tout le canton – affichent des convictions protestantes[4]. Le village, dont peu de gens ont entendu parler au Canada-Uni, verra bientôt son nom s'étaler dans la plupart des journaux du pays et, même, des États-Unis.

En ce beau jour du 25 juin 1866, Benjamin Ménard marche le long de la rive ouest de la rivière du Lièvre quand il aperçoit, parmi les innombrables billes de bois qui descendent le cours d'eau, un corps inerte qui flotte près d'un caisson en construction destiné à amarrer des estacades. Il en informe tout de suite William Kendall et d'autres travailleurs employés à la construction des ouvrages fluviaux, puis va chercher un câble à l'aide duquel on tire le corps inanimé sur la terre ferme. Le cadavre, dans un état relativement avancé de décomposition, est celui d'une jeune femme bien vêtue et qui n'a qu'une seule bottine ; il semble avoir séjourné dans l'eau

----

[3] Les francophones forment 48 pour 100 de la population.
[4] LAPOINTE, Pierre-Louis, *Les Québécois de la bonne entente*, Sillery, éd. du Septentrion, 1998, p. 258. Ces 6 foyers comprenaient 37 personnes.

pendant des semaines sinon des mois. Une fois la surprise surmontée, Kendall s'empresse d'avertir les autorités de la macabre découverte.

Dès le lendemain, le journal *The Ottawa Times* rapporte la nouvelle en ces termes :

> Le corps d'une femme inconnue et dans un état de décomposition avancée a été trouvé aujourd'hui parmi les billes de bois flottant sur la rivière du Lièvre à Buckingham. Le corps semble être celui d'une personne à la peau claire, aux cheveux bruns et ayant de petites mains et de petits pieds. Elle avait les restes d'une coiffe piquée noire, un châle de laine, un manteau d'alpaga noir, un jupon gris pâle, des bas de laine blancs et une bottine, peu usée, au pied droit[5].

- LA RIVIÈRE DU LIÈVRE -

Un des principaux affluents de la rivière des Outaouais, ce cours d'eau coule du nord au sud sur plus de 400 kilomètres depuis le lac Némiscachingue. Désignée sous l'appellation de *Wabos Sipi* par les Algonquins, expression qui se traduit par rivière du Lièvre, elle doit son nom à l'abondance du lièvre d'Amérique et au fait que cet animal occupe une place importante dans la mythologie amérindienne. C'est Michabou ou le *Grand Lièvre*, maître des animaux, qui envoie la loutre chercher le grain de sable qui deviendra la Terre. Michabou est également le créateur de l'être humain. L'appellation française de la rivière remonte au moins à 1686, année où le chevalier de Troyes l'emploie dans son journal de voyage à la baie James.

Le coroner adjoint George William Steacy, un comptable âgé de 49 ans qui vit à Buckingham depuis 22 ou 23 ans et qui est conseiller du village, réunit un jury. Celui-ci procède à une enquête sommaire et conclut hâtivement que la jeune femme est morte noyée. Comme personne ne parvient

---

[5] 26 juin 1866. Tous les extraits des journaux de langue anglaise ont été traduit par l'auteur.

à identifier le cadavre, Steacy ne voit pas la nécessité d'ordonner une autopsie et affiche une sereine indifférence. Autopsier une inconnue… pour quoi faire ? Personne ne s'intéresse aux inconnus, aux quidams, particulièrement quand ils sont morts. Quelle qu'ait été cette jeune femme de vingt ou vingt-cinq ans, elle n'est plus qu'un cadavre en décomposition avancée, sans nom, sans histoire.

Les autorités judiciaires n'ont pas beaucoup de moyens à leur disposition pour identifier une personne : les papiers d'identité officiels n'existent pas au Canada-Uni et les services de police n'ont pas encore recours aux empreintes digitales – qui n'auraient guère été utiles dans le cas présent. Cela viendra à la fin des années 1880[6].

La dépouille de la femme inconnue est inhumée le 26 juin dans le cimetière catholique du village, où les fidèles de cette religion représentent 78 pour 100 de la population, dans une fosse réservée aux personnes décédées sans avoir été baptisées. L'inconnue n'a même pas droit à une entrée au registre des sépultures.

Plus perspicace, ou plutôt moins indifférent que l'appareil judiciaire qui n'a pas voulu savoir comment l'inconnue s'était noyée, le fossoyeur, Jacques Daoust, remarque que la jeune femme a les membres difformes, une tête démesurément grosse et qu'il lui manque une bottine. Il en déduit que l'infortunée personne n'a pas pu se rendre elle-même à la rivière, que quelqu'un l'y a menée et l'a précipitée à l'eau !

Dès le lendemain de l'enterrement de la présumée noyée, c'est-à-dire le 27 juin, une rumeur circule chez les villageois de toutes confessions : une jeune femme handicapée, se trouvant être la sœur d'une personne importante au village, en l'occurrence le révérend pasteur anglican Jérémie Babin, aurait disparu depuis plusieurs mois déjà. Pourquoi la rumeur ne s'en préoccupe-t-elle que maintenant ? Toujours est-il que, mis au courant du ouï-dire, le coroner décide de faire exhumer le cadavre et de reprendre son enquête.

---

[6] Notons que les anciens Babyloniens utilisaient déjà les empreintes digitales pour « signer » des contrats 2 000 ans avant notre ère.

L'enquête du coroner

Le coroner est une vieille institution britannique qui remonte à l'année 1194 ; elle a été introduite au Canada avec le système de droit britannique, appelé *Common Law* ou Droit coutumier, au XVIIIᵉ siècle, c'est-à-dire à la Conquête. Au XIXᵉ siècle, la fonction de coroner a commencé à évoluer, à se moderniser et à se distinguer du système criminel, sa principale fonction étant d'expliquer les décès survenus dans une variété de situations ayant peu d'éléments suspects ou criminels[7]. Aucune connaissance particulière en matière de droit, de médecine ou de science n'était alors nécessaire pour occuper ce poste à part l'aptitude à supporter le voisinage des cadavres et être du côté du pouvoir politique en place.

– *LE CORONER* –

Coroner est un mot qui vient de l'ancien normand *coroneor* qui signifie couronne et dont la fonction a été créée pour empêcher le shérif — comme celui de Nottingham, dans la légende de Robin des Bois — de devenir trop puissant dans les différents comtés d'Angleterre et pour s'assurer que le roi recevait tous les revenus qui lui étaient dus. À cette époque, le rôle du coroner était assez étendu et ne se limitait pas au décès, bien que l'enquête, lors d'une mort soudaine ou violente, ait été l'une de ses fonctions les plus importantes.

Selon l'écrivaine étasunienne Patricia Cornwell (*Jack l'Éventreur – affaire classée*, éd. des Deux Terres, Le livre de poche, 2003), une mort soudaine constituait une source de revenus possible pour le roi d'Angleterre si l'on constatait un méfait dans le décès, ou même en cas de réaction inappropriée de la part de celui qui découvrait le corps, comme l'absence

→

---

[7] *Le Coroner d'hier et d'aujourd'hui.* Site Internet : http://stjudes.www3.50megs.com/coroner.html.

totale de réaction ou le fait de simplement détourner le regard. Quand une personne mourait de manière brutale, il fallait prévenir le coroner immédiatement. Celui-ci réagissait le plus vite possible et rassemblait un jury en vue de ce qu'on appellerait plus tard une enquête. Quand une personne était assassinée ou se suicidait, le coroner et le jury déterminaient le méfait commis par le meurtrier ou le défunt et tous les biens du coupable pouvaient se retrouver dans les coffres de la Couronne. Au bout d'un certain temps, le pouvoir du coroner l'a placé dans un rôle de juge, et il est devenu un représentant de la loi. Le suspect qui cherchait refuge dans l'église se retrouvait bien vite face au coroner qui exigeait une confession et organisait la saisie des biens de cet individu au nom du roi.

Vers la fin du XIIIᵉ siècle, le coroner a perdu du pouvoir et de l'importance, mais il a continué à enquêter lors de décès soudains ou violents. L'aspect « détection du crime » a pris, à cette époque, plus d'importance que l'aspect « perception des revenus ».

George William Steacy se passerait bien de cette enquête, mais si la victime est une parente du pasteur, il sait que l'affaire sera suivie de près. Il a donc intérêt à traiter ce cas dans les règles – mais les connaît-il ? C'est ainsi qu'il prie le ministre anglican d'assister à l'exhumation de l'inconnue, action que l'on exécute le jour même. L'exhumation est un acte médico-légal plutôt répugnant. Les odeurs pestilentielles laissées par le corps en décomposition sont une expérience sensorielle quasi insoutenable à cause de la fermentation des bactéries. Aucun parfum ne peut masquer la repoussante senteur.

Jérémie Babin reconnaît, sans réticence aucune, le corps de sa sœur, Marie Aglaé, appelée aussi Mary. Bizarrement, il ne manifeste pas la moindre émotion et affiche même une indifférence absolue devant le cadavre en putréfaction. Le pasteur serait-il lui-même un infirme, à savoir un handicapé… du cœur ? Pour des témoins, cette froideur est le signe d'un machiavélique assassin. Pour ses amis, ce n'est qu'une apparence, un réflexe de défense. Chose certaine, Babin fait preuve, à tout le moins, d'un manque de sensibilité. Fait révélateur de la personnalité du pasteur, il ne rédige pas l'acte de sépulture de sa sœur, qui n'en aura aucun.

En après-midi, Jérémie Babin, tenaillé par l'inquiétude, par son avenir, même, fait mander auprès de lui le révérend John Seaman, pasteur anglican de North Wakefield. Dès son arrivée à Buckingham, Babin l'entraîne dans la sacristie de l'église St. Stephen et lui parle à l'abri d'oreilles indiscrètes. Nerveux, il l'informe qu'une terrible épreuve vient de le frapper. Et d'une voix trouble il déclare : « Ma carrière est ruinée. Que puis-je faire[8] ? »

Le coroner adjoint Steacy fait transporter le corps exhumé de Marie Aglaé dans la maison d'un certain Thompson[9], puis demande aux docteurs Alexander Ferguson et H. H. Sauvé d'en faire l'autopsie. Ces praticiens ne sont pas des spécialistes de la médecine légale et ne disposent évidemment d'aucune des techniques modernes qui facilitent le diagnostic de la cause de la mort.

Comme les chairs du cadavre sont en voie de décomposition avancée, le docteur Sauvé les asperge de chlorure de chaux dans un vain effort pour camoufler les effluences nauséabondes, ou simplement pour retarder l'invasion des vers, et remet l'autopsie au lendemain[10]. Le 28, les deux médecins procèdent à l'examen de la dépouille ; la puanteur a pris possession des lieux. L'usage des gants de caoutchouc est encore inconnu. Les médecins travaillent à mains nues. Dans de telles conditions, les doigts des anatomistes restent imprégnés durant plusieurs jours d'une odeur de pourriture qui finit par se communiquer aux aliments. Aussi n'est-il pas rare que cette

---

[8] *The Ottawa Citizen* (Ottawa), 25 janvier 1867.
[9] Il s'agit sans doute d'un marchand de bois dont la résidence ordinaire était Québec. Recensement du Canada 1861, Buckingham.
[10] Mélange d'hypochlorite de calcium et d'hydroxyde de calcium, base de la liqueur désinfectante découverte par le pharmacien Labarraque en 1822, en remplacement du chlore. Initialement utilisée pour désinfecter les ateliers de vers à soie, puis pour désodoriser les latrines, les urinoirs et tous les lieux d'entassement des grandes villes, l'eau de Labarraque présentait les vertus identiques à celles de l'eau de Javel que nous connaissons aujourd'hui.

nuisance soit à l'origine de troubles intestinaux, voire, à la moindre écor-
chure, d'une porte ouverte à l'inoculation vénéneuse, à la septicémie, dont
plusieurs médecins meurent[11].

Le docteur Sauvé, conseiller du village, constate que le macchabée est
« habillé pour un voyage » puis note :

> Le corps [est] celui d'une femme âgée d'environ 25 ans ; de petite
> taille, corpulente et en santé ; sa tête [est] très grosse, couverte de
> cheveux fins ; la tête, et la partie supérieure du cou, bouche et yeux,
> [sont] couverts de sable.

Le cadavre est dans un état de putréfaction avancée : « ...la chair des
bras, jusqu'aux coudes, s'est détachée des os par lambeaux [...] » quand le
médecin lui enlève ses vêtements. Il ne montre toutefois aucun signe de
violence à part une marque bleue sur la cheville droite. Sauvé remarque
que les deux pieds sont si difformes que la jeune femme ne pouvait mar-
cher. Les poumons sont décomposés ; le côté droit du cœur est plein de
sang, mais le côté gauche est vide. Les médecins retirent l'estomac du
cadavre, mais négligent d'en faire l'analyse. Leur rapport passe sous silence
les organes sexuels de l'infirme. Enfin, les deux hommes de science s'enten-
dent pour dire que la femme est morte noyée sept ou huit semaines plus
tôt. Pourtant, le cerveau ne présente pas de congestion marquée comme
c'est généralement le cas quand il manque d'oxygène, mais seulement des
marques très légères[12]. A-t-elle été empoisonnée ? Les médecins n'en font
pas mention et l'absence d'analyse de l'estomac, qui aurait été presque vide,
ne permet pas de savoir s'il contenait du poison.

Ferguson et Sauvé en sont convaincus : Marie Aglaé n'a pu se rendre
à la rivière par ses propres moyens. On l'y a donc conduite, ce qui prouve
qu'il n'y a pas eu suicide. Une seule conclusion s'impose : la sœur du pasteur a été précipitée dans la rivière du Lièvre, puis abandonnée dans l'eau

---

[11] DARMON, Pierre, *La malle à Gouffé : le guet-apens de la Madeleine*, Paris, éd. Denoël, 1988, pp. 72 et 73.
[12] L'auteur remercie le docteur Nancy Perron, pathologiste au Centre hospitalier des vallées de l'Outaouais,
qui lui en a fait la remarque.

glacée un soir d'avril de l'année 1866. Alors, qui a pu conduire l'infirme à la rivière ? Qui l'y a précipitée et pour quel motif ? À cette époque, il n'y a pas de service de police à Buckingham ; les policiers les plus proches, ceux d'Ottawa, sont affectés essentiellement à la sécurité des Ottaviens. De plus, il n'y a que quatre détectives dans tout le pays : deux dans le Canada-Est et deux autres dans le Canada-Ouest[13]. Il va sans dire que ces hommes sont débordés de travail. Dans ces conditions, pas d'enquête policière à Buckingham ; le coroner ne peut compter que sur lui-même et sur le jury qu'il s'apprête à former.

Que le contenu de l'estomac n'ait pas été analysé est certainement fâcheux, car si on y avait découvert du poison, les autorités auraient pu conclure à un assassinat prémédité et poser une première hypothèse. En effet, n'est-il pas généralement admis, au XIXᵉ siècle, que la majorité des empoisonnements criminels étaient commis par la gente féminine ou avec leur concours ? Quoiqu'il en soit, les autorités ne procéderont pas à l'interrogatoire de l'épouse du pasteur, comme si elle avait été totalement étrangère à l'affaire.

- *LA MÉDECINE LÉGALE* -

En 1866, la médecine légale n'existe pas encore. C'est le docteur Wilfrid Derome qui sera le premier Nord-Américain à parfaire des études dans ce domaine, à Paris, en 1909. Il créera, en 1914, un laboratoire de recherches médico-légales à Montréal, le premier du genre en Amérique.

La première preuve sérieuse indiquant que la médecine pouvait rendre service à la justice remonte au XIIIᵉ siècle. Elle nous vient de Chine. C'est là qu'a été publié, en 1248, un livre de grande valeur intitulé *Hsi*

→

---

[13] Le Canada-Ouest était, avant l'union forcée des deux Canadas, le Haut-Canada, et le Canada-Est, le Bas-Canada, qui est aujourd'hui le Québec.

Yüan Lu, qui était en quelque sorte un guide qui enseignait l'utilisation des connaissances médicales dans la poursuite des criminels et dans la procédure judiciaire. Durant tout le moyen âge, rien de comparable à ce manuel chinois n'a vu le jour en Europe. Vers la fin du XVIe siècle, des médecins français et italiens — François Paré, Fortunato Fidelis et Paolo Zacchia — lançaient la science médicale sur la voie de la médecine légale. Et en 1796, Fodéré publiait à Strasbourg un livre remarquable intitulé *Traité de médecine légale et d'hygiène publique* en même temps que Peter Frank faisait paraître *Système complet de police médicale*. La médecine légale occidentale venait de prendre son envol.

CÔTÉ, Jacques, *Wilfrid Derome, expert en homicides*, Montréal, éd. Boréal, 2003.
THORWALD, Jürgen, *La grande aventure de la criminologie — Cent ans de police scientifique à travers les crimes célèbres*, Paris, éditions Albin Michel, 1967.

Le nouveau jury, composé de… 22 personnes, n'est pas au bout de ses peines et plus d'une surprise l'attend. Son rôle ne consiste pas à répondre aux nombreuses questions que chacun se pose, mais à déterminer les causes de la mort de Marie Aglaé et, le cas échéant, à porter des accusations. Bientôt, la population de Buckingham se rendra compte que du pasteur Babin, elle ne sait rien ou si peu.

II

DES VIRE-CAPOT

- - - - - - - - - -

Ordonné pasteur de l'Église d'Angleterre à la cathédrale Christ Church de Montréal en 1865, Jérémie Babin est chargé de la mission St. Stephen, à Buckingham, depuis le mois de juillet 1864, soit l'année où il a été ordonné diacre, et juste un an après avoir obtenu un *Bachelor of Arts* du collège Bishop de Lennoxville à la suite de trois années d'études. Originaire de la vallée du Richelieu où ses parents, Jérémie Babin et Flavie Pinsonnault, se sont mariés en novembre 1836[14], le futur pasteur naît le 19 juillet 1837 à Sainte-Marguerite-de-Blairfindie[15] et il est baptisé le lendemain à l'église Saint-Jean l'Évangéliste, paroisse située dans l'actuelle ville de Saint-Jean-sur-Richelieu[16] :

---

[14] Le 15 novembre à l'église de Saint-Valentin.
[15] C'est-à-dire L'Acadie.
[16] Registre des BMS de Saint-Jean-L'Évangéliste, B75, 20 juillet 1837, Saint-Jean-sur-Richelieu, Québec. Le texte respecte la graphie originale.

> Le vingt Juillet mil huit cent trente sept nous Curé soussigné avons baptisé Jérémie né le iour précédent du légityme mariage de Jérémie Babin, menuisier & de Flavie Pinsonneau de la paroisse de Ste Marguerite de Blairfindie. Le parrain a été Nazaire Comet qui a signé avec le père & nous & la marraine Anastasie Pinsonneau tante maternelle de l'enfant laquelle a déclaré ne savoir signer.
>
> Jérémie Babin
> Nazaire Commette
> J.E. Morisset P

Catholiques, les parents de Jérémie font baptiser deux autres enfants dans cette religion : Marie Aglaé, en 1838, et Jean Osias, en 1840[17]. L'acte de baptême d'Aglaé, rédigé en l'église Saint-Georges-de-Noyan, à Henryville, ne laisse aucunement soupçonner les graves infirmités de l'enfant[18] :

> Le onze Décembre mil huit-cent trente huit par nous Curé soussigné a été baptisée Marie Aglaé née avant hier du légitime mariage de Jérémie Babin, cultivateur de cette paroisse et de Flavie Pinsonnault. Parrain Réné Pinsonnault, Marraine Félonise Choquet qui n'ont su signer, le père absent.
>
> F. Perrault Ptre

Peu après la naissance de Jean Osias, en 1840, Jérémie Babin et son épouse changent subitement de confession et, en 1845, font baptiser Job à l'église baptiste desservant la « Grande-Ligne de l'Acadie[19] », première église protestante française au Canada, par le pasteur Louis Roussy.

---

[17] Jean Osias, né le 15 décembre 1840, a été baptisé à l'église Saint-Georges-de-Noyan à Henryville.

[18] Registre des BMS de Saint-Georges-de-Noyan, B160, 11 décembre 1838, Henryville, Québec. Le texte respecte la graphie originale.

[19] Le 27 juillet. Deux autres fils suivront vers 1849-1850, Joseph et Francis, dont les actes de baptême n'ont pas encore été trouvés, car les registres des Églises protestantes comportent de nombreuses lacunes.

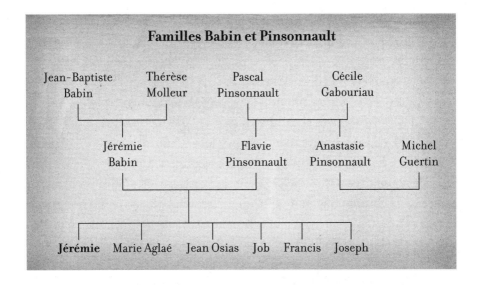

Familles Babin et Pinsonnault

Jean-Baptiste Babin — Thérèse Molleur — Pascal Pinsonnault — Cécile Gabouriau

Jérémie Babin — Flavie Pinsonnault — Anastasie Pinsonnault — Michel Guertin

Jérémie Marie Aglaé Jean Osias Job Francis Joseph

Qu'est-ce qui a donc motivé les Babin à se dissocier de la masse de la population, à se marginaliser en devenant les disciples d'une religion minoritaire ? Peut-être l'air du temps, celui de la rébellion ou, plus simplement, l'influence de l'un de ces colporteurs de bibles qui ratissaient les campagnes montérégiennes. Soulignons que la belle-sœur de Jérémie, Anastasie Pinsonnault, épouse de Michel Guertin et marraine de Jérémie Babin, fils, s'était elle aussi convertie à l'Église baptiste dans les années 1840[20].

À cette époque, la vallée du Richelieu comptait de nombreux sympathisants à la cause perdue des Patriotes, dont plusieurs n'avaient pas pardonné à l'Église catholique son attitude lors des événements de 1837-1838 – certains membres de l'Église de la Grande-Ligne de l'Acadie prénomment alors leurs enfants *Chevalier de Lorimier* ou même *Papineau* ! – et un patriote, Cyrille-Hector-Octave Côté, devenu pasteur baptiste en 1844, prêche dans les parages de Saint-Jean-sur-Richelieu[21]. Les Babin n'ont pourtant pas la

---

[20] Elle sera inhumée au cimetière de la Grande-Ligne d'Acadie (Saint-Blaise) en novembre 1852.

[21] Né à Québec en 1809, Côté devient un des meneurs de la rébellion de 1837-1838. Il se convertit à l'Église baptiste alors qu'il est en exil aux États-Unis. Revenu au Bas-Canada en 1843 à la suite d'une amnistie, il devient pasteur baptiste l'année suivante et prêche dans les régions de Saint-Hyacinthe et de Saint-Jean-sur-Richelieu. Il meurt à Hinesburgh, Vermont, en 1850.

fibre patriotique ; l'avenir le prouvera[22]. Et ils ne sont pas les seuls. Le 4 novembre 1838, 26 citoyens de L'Acadie, autrement appelé Sainte-Marguerite-de-Blairfindie, avaient conspiré pour s'emparer de trois des chefs des Patriotes, soit Wolfred Nelson, Julien Gagnon et leur concitoyen Cyrille-Hector-Octave Côté. La conspiration ne s'est toutefois pas concrétisée[23].

Quel intérêt peuvent-ils donc avoir à se faire baptistes, à se faire protestants ? La possibilité de faire instruire les enfants plus facilement peut-être ? Car l'Église catholique ne favorise pas alors l'instruction chez les masses populaires. Or, en 1840, la Suissesse Henriette Odin-Feller avait ouvert, à la Grande-Ligne de l'Acadie, une belle école en pierre de deux étages et demi. L'érection d'une telle maison d'éducation, dans un milieu agricole manquant d'établissements scolaires, n'est pas sans avoir eu quelque influence chez un certain nombre de Canadiens.

Chose certaine, il a fallu un puissant incitatif pour que Jérémie Babin et les siens s'exposent aux sévères jugements d'une société tissée serrée en se faisant baptistes. Car il n'était pas facile d'être protestant francophone au Québec. Au XIXᵉ siècle et pendant une bonne partie du XXᵉ, être « Canadien » – on dira plus tard « Canadien français » puis « Québécois » –, c'est parler français et pratiquer la religion catholique. Pour l'élite, ces deux caractéristiques sont indissociables. Bien plus, elles sont garantes de la survie identitaire du peuple québécois. Le Canadien français protestant, que l'on affuble du surnom de « Suisse », est considéré comme ennemi de la foi et, puisque la foi est l'une des deux composantes de l'identité nationale, on comprend rapidement qu'être ennemi de la foi, c'est être ennemi de tout, ou tout simplement, l'Ennemi[24].

---

[22] Au moins un Babin a participé à la rébellion : Pierre Babin, de Saint-Rémi, arrêté en 1838.
[23] SENIOR, Elinor Kyte, *Les habits rouges et les patriotes*, Montréal, VLB éditeur, 1997, p. 249.
[24] Site Internet du Bureau de documentation sur les sectes et religions (http://www.bdsr.org/clocheaffirmation.htm).

- LES SUISSES -

Cette appellation péjorative référait à la fois au petit rongeur (on appelait aussi les protestants des « écureuils ») et à l'origine helvétique de certains leaders tels qu'Olivier Roussy, Vessot et Feller. En associant les convertis protestants à des immigrants, c'était leur faire savoir qu'ils n'étaient plus de vrais « Canadiens ».

Quant aux églises protestantes, elles étaient qualifiées de « mitaines », mot tiré de l'expression anglaise *meeting hall*.

Pour frapper l'imagination populaire et discréditer ainsi toute action protestante, le clergé catholique a souvent recours à des images éloquentes. Les dirigeants protestants (pasteurs, colporteurs de bibles et instituteurs) sont alors dépeints comme des étrangers, même s'ils sont nés au pays ; on les associe au démon et on les accuse de fomenter le désordre social. Les évêques du Québec les accusent d'être « [...] des loups meurtriers, déguisés sous des peaux de brebis, afin de se glisser dans la bergerie du Seigneur et d'y faire un affreux carnage de son troupeau bien-aimé[25]. » Les évêques n'auraient pourtant pas dû être si fiers : le pape Grégoire XVI n'avait-il pas une maîtresse et... sept enfants[26] ? En 1842, à Saint-Pie, des catholiques vont jusqu'à incendier la maison des Cloutier qui ont eu le malheur de se faire baptistes. Au nom de Dieu, les catholiques haïssent leur prochain ! Et les protestants le leur rendent bien.

---

[25] Site Internet du Bureau de documentation sur les sectes et religions, *op. cit.*

[26] Pape de 1831 à 1846, Bartolomeo Alberto Capellari avait pour maîtresse la belle Italienne Cajetamina, ce qui ne l'empêchait pas de prêcher la chasteté. Voir à ce sujet Lessard, François-J., *Les héritiers de l'impérialisme romain*, Saint-Zénon, éd. Louise Courteau, 2005.

Une famille prospère

À première vue, Jérémie Babin, père, semble être un cultivateur et un menuisier relativement prospère : il est établi, depuis la fin des années 1830, dans l'un des territoires les plus fertiles de la vallée du Richelieu, la seigneurie de Noyan. Si, au recensement de 1842, il déclare ne posséder que 58 acres (23,5 hectares) de terre, dont 20 en culture, il assure avoir plus d'une quinzaine de bêtes dont 4 chevaux. En 1854, sa terre, située dans le troisième rang de la seigneurie de Noyan, a une superficie de 128,8 acres (52 hectares)[27].

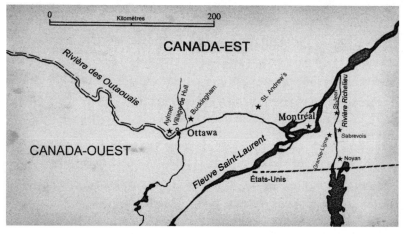

1 - Carte du Canada-Uni.

Dès 1856, ou peut-être même plus tôt, Jérémie inscrit ses enfants à l'école de la mission épiscopale de Sabrevois, fondée par le révérend Daniel Gavin, pasteur anglican d'origine suisse, où le responsable, M. Fronteau, signale que Job et Osias Babin ont su se rendre utiles à l'œuvre qui les a formés[28]. C'est aussi là que Jérémie, fils, se convertit à l'anglicanisme. Au reste,

---

[27] Une compilation effectuée par Doug MacFie le montre dans le 4e rang.
Voir : http://www.rootsweb.com/ ~qceastwn/archives/noyanconcessions.html
[28] DUCLOS, R.-P., *Histoire du protestantisme français au Canada et aux États-Unis*, Montréal, Librairie évangélique, p. 241.

la mission de Sabrevois, autrement appelée *Church of England Mission to the French Speaking Population of the British North America*, vise justement à convertir les élèves qui fréquentent l'école.

Flavie Pinsonnault meurt vers 1856-1857. Jérémie, père, se remarie, puis quitte le Québec pour Kankakee, aux États-Unis, après avoir confié ses enfants, qui poursuivent leurs études, à la garde de son fils aîné, Jérémie. Pourquoi le père quitte-t-il le pays ? Mystère ! Toutefois, notons que dès 1856, un comité spécial constitué pour cerner les problèmes agricoles dresse un constat affligeant et alarmant : les sols sont épuisés par l'absence d'engrais, la faiblesse du drainage et la pratique de la jachère au détriment de techniques élaborées d'assolement et de rotation des cultures. Les fermes du Haut-Richelieu n'arrivent plus à contenir la concurrence des immenses terres à blé de l'Ouest américain. Cette situation a pour effet de provoquer deux exodes : un premier vers Montréal, un second, d'une ampleur catastrophique, vers les États-Unis[29] : dès 1860, environ 91 000 Canadiens francophones sont déjà établis au pays de l'oncle Sam.

Toujours est-il que là-bas, dans le lointain Illinois, Babin aura deux autres enfants, en 1862 et 1865[30]. Devient-il veuf une seconde fois ? Peut-être, car en janvier 1870, il se remarie de nouveau pour divorcer quelques années plus tard, avant de mourir en 1881.

Jérémie, fils, a sans doute reçu de l'argent de son père pour s'occuper de ses frères et de sa sœur car, comme étudiant, il ne doit sûrement pas rouler sur l'or. En 1861, il étudie au miteux collège Bishop, à Lennoxville, et Marie Aglaé vit dans une pension de famille de Montréal. Les trois autres enfants Babin — Job, Osias et Joseph — demeurent à la mission épiscopale de Sabrevois. Les deux premiers y sont élèves-résidents alors que le cadet, qui n'a que 10 ans, y est curieusement qualifié de « labor ». Notons que Job et Osias seront aussi diplômés du Bishop's College[31].

---

[29] WEIL, Françoise, *Les Francos-Américains, 1860-1980*, Belin, coll. Modernité XIXe et XXe, 1989, pp. 14 et 15.
[30] Ida et Walter. Recensement 1860, Kankakee, comté de Kankakee, Illinois
[31] Communication de Anna M. Grant, University Archivist/Special Collections, Bishop's University, 19 novembre 2003.

> ### - *KANKAKEE* -
>
> En 1830, Noël Levasseur crée, autour du village agricole de Bourbonnais, dans le comté de Kankakee, au sud de Chicago, en Illinois (États-Unis), une communauté canadienne-française. Le développement démographique de ce village a été lent jusqu'au début des années 1840 alors que Levasseur entreprend un voyage de recrutement fructueux au Québec, puisque près de 1 000 familles canadiennes-françaises auraient répondu à son appel.
>
> LAMARRE, Jean, *Les Canadiens Français au Michigan* in *L'Ancêtre*, vol. 31, n° 1, p. 15.

À Bishop's, ou peut-être même à Sabrevois, Jérémie Babin, fils, passe corps et âme dans le camp anglais[32]. Pas étonnant que les autorités anglicanes soient satisfaites de lui ; il embrasse les ordres anglicans. Imaginez : un Canadien qui devient pasteur anglican, c'est-à-dire de l'Église d'Angleterre ! Pour l'élite anglo-saxonne, qui veut assimiler les descendants papistes des Français, Jérémie Babin est du pain béni. Vingt-cinq ans plus tôt, le gouverneur du Canada, lord Durham, avait préconisé une immigration anglo-saxonne massive et l'assimilation des Canadiens parce qu'à son avis :

> [...] jamais la présente génération des Canadiens français ne se soumettra loyalement à un gouvernement britannique ; jamais les Anglais ne supporteront l'autorité d'une Chambre d'Assemblée où les Français posséderont la majorité ou en approcheront[33].

Comme d'autres transfuges du même acabit, les Babin constituent un bel exemple à suivre pour faire de la colonie canadienne un pays où le peuple

---

[32] Joseph restera baptiste.
[33] *Nos Racines*, chapitre 71, p. 1405.

n'aurait qu'une seule foi, une seule langue : celles de sa souveraine, la reine d'Angleterre.

Enfin, Jérémie s'allie à une influente famille anglaise du comté d'Argenteuil qui a combattu les Patriotes : les Abbott. En effet, le 25 octobre 1865, à Saint-André d'Argenteuil (alors St. Andrews), il épouse Elisabeth Bayley, 23 ans, fille de feu le révérend William Abbott, pasteur anglican de l'église Christ Church pendant 35 ans, et de Frances Mary Smith[34] :

> The Reverend Jeremy Babin BA was married by licence to Miss Elisabeth Abbott spinster of major age, on this twenty fifth day of October anno Domini one thousand Eight hundred & sixty five, by me;
>> Richard Lonsdale Ma
>> Rector of St. Andrews
>> J. Babin
>> Elisabeht B. Abbott
>> Harriet Robertson
>> H. Lloyd Slack
>> Mary Higginson Sam Macdonald
>> Edith Henry
>> Allan Macdonald

Les Abbott forment une puissante famille : Elisabeth a un oncle, le révérend Joseph Abbott (1790-1862), pasteur de St. Andrews, puis de Grenville, qui a été administrateur de l'université McGill et dont le fils, John Joseph Caldwell Abbott, est alors député d'Argenteuil ; ce dernier a même été « solliciteur général[35] » du Canada en 1862 et deviendra… premier ministre du pays en 1891 ! Les Abbott fréquentent le grand monde : sir John Colborne, dit le Vieux brûlot, qui a laissé raser le village de Saint-Benoît par des orangistes qui venaient, entre autres lieux de… Saint-André d'Argenteuil (alors St. Andrews) et fait pendre une douzaine de patriotes en 1838 ; lord Sydenham, gouverneur en chef de l'Amérique du Nord britannique (1839-1841) et, même, un adversaire politique, Louis-Joseph Papineau,

---

[34] Registre des actes de BMS de Christ Church, folio 12, 25 octobre 1866, Saint-André d'Argenteuil, Québec.
[35] Ministre de la Sécurité publique.

dont on trouvait les manières françaises tout à fait « delightful » ! Soulignons que le révérend Joseph Abbott, oncle d'Elisabeth, avait participé au saccage de Saint-Benoît en décembre 1837. À cet effet, le notaire Jean-Joseph Girouard a écrit :

> Ils [s'arrêtaient] aux maisons marquées de proscription pour y commettre toutes sortes de brigandages, pillant tout ce qu'ils trouvaient sous leurs mains. Tous y prirent part, le ministre [Joseph] Abbott – le pasteur anglican de Saint-André – fit sa provision de dindes et autres choses […] [36].

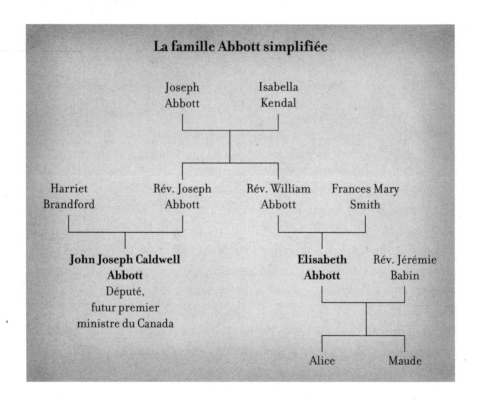

La famille Abbott simplifiée

Joseph Abbott — Isabella Kendal

Harriet Brandford — Rév. Joseph Abbott Rév. William Abbott — Frances Mary Smith

John Joseph Caldwell Abbott
Député, futur premier ministre du Canada

Elisabeth Abbott — Rév. Jérémie Babin

Alice Maude

---

[36] SENIOR, Elinor Kyte. *op. cit.*, p. 202.

Une fois mariés, le pasteur et son épouse s'installent à Buckingham dans une spacieuse[37] maison à un étage et demi, de style vernaculaire s'apparentant au néoclassique, et dont l'arrière domine d'une dizaine de mètres une baie de la rivière du Lièvre, rive ouest, baie au centre de laquelle il y a un puissant remous. Jérémie Babin connaît relativement bien le coin, puisqu'il est chargé de la mission St. Stephen depuis le mois de juillet de l'année précédente.

Comme la mission s'inspire de la tradition anglicane appelée *Low Church*, Babin n'y a pas été nommé, mais choisi par les paroissiens après avoir posé sa candidature à la fonction de pasteur[38]. En effet, selon l'historien Pierre-Louis Lapointe, un comité de paroissiens faisait enquête sur les candidatures et se rendait même voir et entendre le candidat à l'œuvre dans une autre paroisse, avant de faire rapport à l'assemblée des paroissiens. Le *curriculum vitæ* des candidats était présenté par le comité qui faisait ses recommandations. L'assemblée des paroissiens rencontrait enfin le candidat favorisé avant de prendre une décision définitive[39].

Jérémie Babin est donc un pasteur qui a, dès son arrivée en fonction, l'estime de ses paroissiens anglicans, puisque ces derniers l'ont choisi pour guider leur vie religieuse. Son établissement à Buckingham ne fait sans doute pas l'affaire des autorités religieuses catholiques, dont la hantise du protestantisme se nourrit surtout de la présence des protestants de langue et de culture françaises, d'autant plus que le curé de Buckingham est un anglophone. En 1870, l'abbé Chaîne se sentira incapable de consacrer le temps qu'il faudrait pour neutraliser l'influence des « Suisses » qui sont à l'œuvre à Templeton-Nord, un lieu situé non loin de Buckingham. Dans une lettre adressée à Mgr Guigues, il écrira :

---

[37] Surface habitable d'environ 142 mètres carrés.

[38] La *Low Church* est directement inspirée du puritanisme, marquée par le réveil évangélique du XVIIe siècle et par l'importance du témoignage personnel, l'orthodoxie doctrinale et un ministère pastoral très fonctionnel. *Le Point*, hors-série, *Les textes fondamentaux du christianisme*, novembre-décembre 2006, Paris, 2006, p. 123.

[39] Lapointe, Pierre-Louis, *op. cit.*, p 224.

Votre Grandeur n'ignore pas que depuis plusieurs années, il y a un Suisse à la Grande Blanche qui se livre à une propagande assez active, et si la mission n'était pas desservie régulièrement, il serait à craindre que par ignorance ou mauvaise foi, plusieurs ne fassent naufrage dans la foi [...] [40]

Pour le moment, Babin n'a pas le temps de faire de prosélytisme pour gagner à sa cause les francophones de Buckingham qui sont bien encadrés par leur curé.

Au moment de l'affaire de Buckingham, le pasteur Babin a 29 ans. De taille moyenne, la blondeur de ses cheveux, la religion qu'il pratique et son excellente connaissance de la langue anglaise en font un parfait *gentleman*... britannique. Sa signature semble toutefois révéler un caractère sinon une personnalité changeante : du 14 juillet 1864 au mois de mars 1865, il signe *Jeremie Babin* au bas des actes du registre des baptêmes, mariages et sépultures de sa mission, puis J (paraphe) Babin avant d'adopter, en 1867, celle de *Jérémie Babin*, avec les accents aigus et, subséquemment, sans les accents. Dans les différents annuaires de ville, il est parfois identifié comme étant J. B. Babin et parfois même comme J. A. B. Babin !

- L'ANGLICANISME -

Confession protestante apparue au XVIᵉ siècle en Angleterre, après que le roi Henri VIII eût rompu avec Rome en 1531, déçu que le pape Clément VII refuse d'annuler son mariage avec Catherine d'Aragon. En 1534, il fait voter une loi qui lui attribue ainsi qu'à ses successeurs le titre de chef suprême de l'Église d'Angleterre. L'anglicanisme s'établit durablement sous Elizabeth 1ʳᵉ (règne de 1558 à 1603).

Le Point, hors-série, *Les textes fondamentaux du christianisme*, novembre-décembre 2006, Paris, 2006, p. 123.

---

[40] Archives du diocèse de Hull, paroisse de l'Ange-Gardien d'Angers (Gatineau), cité dans Lapointe, *op. cit.*, p. 234.

III

JE NE VEUX PLUS VOIR VOS FACES

Un soir de janvier 1866, entre vingt et une et vingt-deux heures, on frappe à la porte de la maison du révérend Jérémie Babin où il vit avec son épouse Elisabeth, son frère Job et une servante du nom de Mary Ann Carson. Le pasteur ouvre ; il reconnaît son frère Joseph. Dans la carriole, il aperçoit son unique sœur, Marie Aglaé, l'infirme. Joseph annonce qu'il lui en remet la garde, provoquant ainsi la colère du pasteur qui morigène son jeune frère de belle façon. Furieux, il lui rappelle, en français, qu'il lui a déjà défendu d'amener leur sœur chez lui. Et il lui ordonne de s'en retourner d'où il vient en ajoutant sur un ton bourru : « Je ne veux plus voir vos faces ! » Vos faces, ce sont celles de Joseph et de Marie Aglaé.

Jérémie ne veut pas s'embarrasser de sa frangine, d'autant plus que son épouse est enceinte. Rien n'y fait : Joseph ne bronche pas et le pasteur finit par accepter, à contrecœur, l'installation de Marie Aglaé chez lui. Job prend sa sœur dans les bras et la transporte dans la maison de son frère aîné où désormais elle vivra. Trois mois plus tard – un témoin dira que c'était le jour précédent la disparition de Marie Aglaé –, Job quitte son frère pour aller trouver son père aux États-Unis, à Kankakee, en Illinois, où il exercera le droit. Jérémie, lui, n'a qu'une idée en tête : se débarrasser de sa sœur qui, depuis le départ de son père pour les États-Unis, vivait dans une pension de famille, tantôt à Montréal, tantôt à Saint-Jean.

Jérémie Babin a peut-être raison de ne pas vouloir garder chez lui sa sœur ; il a bien d'autres choses à faire comme responsable d'une mission et futur père que de s'occuper d'une sœur invalide. N'est-ce pas plutôt à son père que revient la tâche de s'occuper de Marie Aglaé ? Mais voilà, le père est loin, établi dans un autre pays. Était-il prévu que Jérémie, fils, aille le trouver avec sa sœur, une fois les études achevées, comme s'apprêtent à le faire Job et Joseph ? Voilà des questions qui sont sans réponses. Toujours est-il que Marie Aglaé dite Mary, âgée de 27 ans, ne peut être d'aucun secours à son frère : lourdement handicapée, elle est incapable de se mouvoir par elle-même. Elle dispose d'un petit fauteuil roulant qui lui permet de se déplacer dans la maison ou en terrain plat. Néanmoins, elle est saine d'esprit et s'exprime sans difficulté. Par ailleurs, Babin emploie une servante, Mary Ann Carson. Ainsi, sa sœur ne doit pas constituer une charge de travail trop lourde pour son épouse.

Au lieu d'installer Marie Aglaé dans une pièce du rez-de-chaussée de sa maison qui est relativement vaste, Jérémie la confine à l'étage, dans une chambre de 13,5 mètres carrés, au plafond pentu, et munie d'une fenêtre qui donne soit sur le cimetière paroissial, soit sur un ravin ; il ne dévoile sa présence qu'à un cercle restreint de relations, car il ne tient pas à ce qu'on voit l'infirme et ne veut pas imposer continuellement sa vue à son épouse. C'est là que la jeune femme vivra recluse pendant trois mois et demi, ou environ ; l'étage compte quatre chambres – dont celles du couple Babin, de Job et de la servante – et un corridor de 2 mètres de largeur dans lequel la jeune infirme peut déambuler dans son fauteuil roulant. Elle bénéficie d'une bonne alimentation et d'un confort acceptable. Pas une fois, cependant, elle n'assistera à l'office dominical, chose quand même inhabituelle pour la sœur d'un ministre du culte dont la famille se doit de donner l'exemple. Était-elle restée baptiste ? Peut-être.

2- La maison occupée par Jérémie Babin à
Buckingham (Gatineau), située rue Donaldson.
Photographie de Raymond Ouimet.

Ce comportement du pasteur Babin soulève une question : a-t-il honte
de l'état physique de sa sœur ? La honte n'est pas un sentiment rare et nombreux sont ceux qui, à cette époque, ont un comportement équivoque à
l'égard des personnes infirmes. Au XIX⁻ siècle perdurent, chez plusieurs,
des croyances absurdes vis-à-vis de ces personnes au physique différent :
elles sont souvent perçues comme le produit ou la conséquence du péché,
c'est-à-dire une punition de Dieu qui, pour les croyants, n'est que bonté
et justice. Dès lors, en méprisant et en excluant les infirmes, les hommes
ne font qu'interpréter la volonté divine qui les a maudits. Ces croyances
puisent leur justification dans l'*Ancien Testament*, et plus particulièrement
dans le *Lévitique* qui ordonne d'exclure du sacerdoce tous ceux qui ne sont
pas « purs » parce que présentant des « défauts » qui les rendent indignes
de servir Dieu :

« Le Seigneur adressa la parole à Moïse : "Parle ainsi à Aaron : D'âge
en âge, qu'aucun de tes descendants, s'il est infirme, ne s'approche
pour présenter la nourriture de son Dieu ; en effet, quiconque a une
infirmité ne doit pas s'approcher, que ce soit un aveugle ou un boi-
teux, un homme au nez aplati ou aux membres difformes [...] il ne
doit pas s'avancer jusqu'à l'autel, puisqu'il est infirme, afin de ne
pas profaner mon sanctuaire et son contenu [...][41]" »

L'infirme, perçu comme une menace, une image de mort, peut donc
être exclu de la société au nom de l'impureté et confiné à une existence
quasi végétative. C'est pourquoi, jusqu'aux années 1950, des familles cachent
aux yeux des autres, ceux des leurs atteints d'un handicap. D'autant plus
que ces familles craignent alors qu'on les soupçonne d'être porteuses d'une
tare familiale transmissible et contaminante, ce qui peut être un obstacle
au mariage de ses membres.

Les préjugés entretenus à l'égard des personnes handicapées semblent évidemment moins compréhensibles chez un homme d'Église cul-
tivé et instruit comme Jérémie Babin, car celui-ci doit enseigner à ses ouailles
un *Nouveau Testament* qui commande : « [...] quand tu fais un festin,
appelles-y les pauvres, les infirmes, les estropiés, les aveugles. Heureux
seras-tu, parce qu'ils n'ont pas de quoi te rendre ce festin ; et il te sera rendu
à la résurrection des justes.[42] » Mais voilà, les comportements et les croyances
séculaires ne disparaissent pas aussi facilement qu'on le voudrait, parce
que sans doute sont-ils inscrits dans une mémoire transgénérationnelle
qui résiste à la raison.

Un autre élément peut avoir joué dans le départ forcé de Marie Aglaé
de chez son frère : la grossesse d'Elisabeth Abbott. À cette époque, plusieurs s'imaginent que l'enfant en gestation peut être conditionné par ce
que la mère enceinte observe, voit. Une ancienne superstition veut même
qu'une femme enceinte ne doive jamais regarder un mort ou elle donnera
naissance à un enfant mort-né, ne jamais regarder une personne difforme

---

[41] 21.16 à 21.18.
[42] Luc 14, 14-15.

ou elle accouchera d'un bébé contrefait ! Jérémie croit-il ces sornettes ?
Ou est-ce plutôt son épouse, Elisabeth, qui craint de porter un enfant qui
aurait pris les infirmités de sa tante dont la présence lui était imposée ?
Honte, crainte ? Ces deux sentiments sont intimement liés. On peut se
demander si l'état physique de Marie Aglaé a joué un rôle dans son départ
de la maison de son frère. Chose certaine, ce n'est pas parce que celui-ci
est pasteur qu'il n'est pas superstitieux.

Une mystérieuse pension de famille

L'identification du corps de Marie Aglaé Babin provoque la reprise de
l'enquête du coroner dès le mercredi 4 juillet 1866. Elle se tient une journée de chaleur accablante entrecoupée de pluies torrentielles. Cité à comparaître, le pasteur Babin ne tient pas compte de la sommation et décide
de se rendre à Ottawa où il a à faire. Le coroner fait arrêter la diligence. Babin
en sort, flegmatique, et demande s'il est obligé d'assister à l'enquête. À la
suite de la réponse affirmative du coroner sidéré, il consent à rester à
Buckingham. À Montréal, l'évêque métropolitain a vent de l'affaire et
demande à son pasteur buckinois des explications. Étonné, sinon troublé,
par les explications nébuleuses de Babin, l'évêque le suspend de ses charges.

Qui a tué Marie Aglaé ? Babin se pose-t-il seulement cette question ?
Ce n'est pas nécessaire s'il est pour quelque chose dans ce drame. Il a beau
être pasteur, il n'en n'est pas moins homme. Mais cet homme semble, à
première vue, privé d'émotions.

Il aurait été intéressant de connaître ce que pensait, ce que savait
l'épouse de Jérémie, Elisabeth Abbott, de cette mystérieuse histoire. Ce
que son mari lui a dit ? Ou ce qu'elle a elle-même deviné ? A-t-elle joué un
rôle dans la disparition de sa belle-sœur ? A-t-elle seulement interrogé
Jérémie ? Elle se tait tant et si bien que sa responsabilité dans cette affaire
reste inconnue. C'est à se demander si son unique souci n'est pas celui de
préserver l'honneur de la famille, celle des Abbott.

Depuis qu'on a trouvé le corps de sa sœur, Jérémie Babin a tout le temps
nécessaire pour réfléchir à la situation et préparer sa défense. Sans doute

pourra-t-il donner des explications raisonnables, se convainquent ses amis qui, pas un instant, ne doutent de l'honnêteté de leur pasteur. Mais est-il un homme honnête ? À la demande de l'auteur, Jacqueline Lussier, maître grapho-analyste d'Ottawa, s'est penchée sur l'écriture du pasteur à partir de photocopies de trois documents rédigés par Jérémie Babin. Selon elle, le pasteur était un homme honnête et loyal. Mais loyal à qui ? Car il arrive parfois que des loyautés soient carrément incompatibles : amis, épouse, famille, hiérarchie, religion, plan de carrière, etc. Elles peuvent devenir une source de tourments auxquels la personne doit mettre fin tôt ou tard au risque d'en faire une maladie. Or, l'écriture du pasteur laisse aussi paraître un « personnage au caractère très envieux estimant qu'argent ou statut social de qualité lui étaient dus[43] ».

Une question doit tourner comme une mouche dans la tête du coroner Steacy : comment la jeune femme a-t-elle pu se rendre à la rivière, compte tenu de son état physique ? La réponse, qui s'impose aussi à l'esprit de la population, doit sans doute l'embarrasser. Les témoins réussiront-ils à éclaircir ce mystère sans pour autant éclabousser l'Église anglicane et la collectivité buckinoise ? Le coroner est lui-même anglican et la perspective de voir son pasteur accusé de meurtre doit sans aucun doute le gêner, d'autant plus que la société repose alors sur deux piliers : le souverain et la religion. Mettre en cause un pasteur c'est, pour plusieurs, s'attaquer à l'ordre, au roi, chef de l'Église d'Angleterre, voire pire, à Dieu lui-même !

George William Steacy, pourtant un éminent personnage de la communauté anglicane de Buckingham, ne savait pas que le pasteur gardait chez lui sa sœur. Pas plus qu'il ne savait que cette sœur était une femme lourdement handicapée. Pas étonnant qu'il ait ignoré son identité au moment de la première enquête. Mais quand donc cette femme a-t-elle quitté la maison du pasteur ? Personne d'autre que le révérend Babin ne peut mieux le savoir. Ainsi, est-il sommé de dire quand il a vu sa sœur pour la dernière fois et dans quelles circonstances. Les explications du révérend pasteur se révèlent si étonnantes que la plupart des personnes informées en sont scandalisées.

---

[43] LUSSIER, Jacqueline, maître grapho-analyste. *Analyse exécutée à la demande de l'auteur et achevée le 3 mars 2005.*

- *DE JOYEUX PASTEURS* -

Les presbytériens écossais de l'Église établie et les épiscopaliens comptent de nombreux adeptes dans ces provinces [...] Nombre de leurs doctrines, sermons, prières, rites et règles de pratique semblent corrects. Mais... tout cela se limite surtout à l'enceinte de l'église et aux pages des Écritures. D'après mes observations, et les remarques de certains de leurs membres, j'ai été forcé de constater que quelques-uns des pasteurs passent trop rapidement des prières solennelles et des sermons en chaire, voire du caractère solennel de la sainte table, aux lieux d'amusements, au jeu et à la dive bouteille.

Lettre de Asa Meech à la Home Missionary Society, Hull, 1829, citée par Diane Aldred dans *Le chemin d'Aylmer Road*, Aylmer, Association du patrimoine d'Aylmer, 1993, page 23.

Ainsi donc, Jérémie Babin, intercepté par le coroner un peu plus tôt, n'a d'autre choix que de se présenter à l'enquête où un jury, présidé par H. Beaumont Small, entend scruter ses relations avec sa sœur Marie Aglaé. Au village de Buckingham, l'excitation est à son comble et la presse ottavienne n'hésite pas à parler de cette affaire comme l'une des plus mystérieuses dans les annales judiciaires du pays. Dans la salle où commence l'enquête, le 4 juillet, un journaliste de l'*Ottawa Citizen* fouille du regard le pasteur et en dresse un portrait qui inspire une antipathie certaine[44] :

> ...un personnage d'humeur maussade à l'allure sinistre qui démontre un niveau de stoïcisme peu naturel pour un homme dans sa situation [...] S'il est coupable, il doit être un criminel d'une grande détermination. S'il est innocent, il montre qu'il a un tempérament aux nerfs merveilleusement solides.

---

[44] *The Ottawa Citizen* (Ottawa), 9 juillet 1866.

Déjà perçu comme un accusé, Jérémie Babin doit démontrer son innocence, prouver à tous qu'il n'est pour rien dans la mort de sa sœur. Premier
témoin cité, il commence par expliquer qu'il n'a pas souhaité que la population de Buckingham connaisse la présence de sa sœur chez lui, et cela, pour
éviter des remarques déplaisantes sur ses infirmités. Le ou vers le 6 avril
1866, entre vingt heures et vingt et une heures, il a conduit Marie Aglaé en
carriole à deux milles (3 kilomètres 200) du village[45]. À cet endroit, il aurait
rencontré deux personnes venant d'Ottawa, dont une, nommée Moïse Ledoux,
à qui il aurait remis sa sœur. Il déclare au coroner et aux jurés estomaqués
qu'il avait auparavant passé une entente avec Ledoux pour qu'il héberge sa
sœur contre la somme de 50 dollars. Il ajoute que Ledoux avait apporté avec
lui un certificat de bonne conduite de son curé, dont il a malheureusement
oublié le nom ! Il précise avoir tenu son épouse dans l'ignorance du départ
de Marie Aglaé de la maison, que son épouse ne savait pas où il allait. Notons
que 50 dollars étaient une somme d'argent non négligeable à l'époque : le
salaire annuel d'un policier à Ottawa était alors de 280 dollars et on pouvait louer une chambre pour 30 dollars par année.

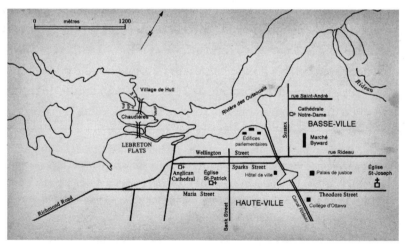

3- Plan d'Ottawa.

---

[45] Sur la route qui est aujourd'hui l'avenue Buckingham.

Ni peur ni arrogance sur le visage du pasteur, relatent les journaux, mais une indifférence tranquille, comme si ce jeune ecclésiastique, qui a été un brillant élève, s'estimait au-dessus de ses interrogateurs. Le cas n'est pas fréquent, mais tous les juges, jeunes ou vieux, savent que ce sont les prévenus les plus difficiles à interroger.

Questionné sur Ledoux, Babin répond qu'il habite Ottawa, dans les parages des chutes des Chaudières et qu'il pense pouvoir le reconnaître. Il l'a rencontré dans la capitale au mois de février précédent, peu après l'arrivée de Marie Aglaé à Buckingham. Il ajoute qu'il n'a pas eu le temps de visiter sa sœur après son départ, mais qu'il en a reçu des nouvelles par l'entremise d'un message écrit de Ledoux. Enjoint de déposer le message, Babin dit qu'il n'a pu le trouver. On lui demande alors de décrire Ledoux. Il en fait une description assez sommaire : taille moyenne, 5 pieds et 8 pouces à 5 pieds et 9 pouces (1 mètre 72 à 1 mètre 75), âgé de 40 à 45 ans, cheveux bruns, poils courts sur la partie inférieure de son visage, vêtu d'un paletot foncé et coiffé d'un chapeau. Hum ! Combien d'Ottaviens, parmi les quelques 18 000 habitants de la ville à cette époque, répondent à ce signalement... l'hiver ? Chose certaine, on ne peut pas dire que Babin se souciait du bien-être et du confort de sa sœur, loin de là, puisqu'il ne s'est même pas donné la peine de visiter la pension de famille ni d'en connaître l'adresse exacte, pas même le nom de la rue. Bêtise, égoïsme ou... mensonge ?

L'enquête débute bien mal pour Jérémie Babin, dont le surprenant témoignage apparaît tiré par les cheveux. L'homme semble soudainement sans défense, résigné même. Il aurait beau démontrer son innocence que personne ne lui pardonnerait son indifférence à l'égard de sa jeune sœur handicapée. Au village, l'émotion est à son comble : elle est en partie faite d'horreur devant la cruauté impitoyable du crime et en partie de pitié pour les infirmités de la jeune victime. L'inexcusable conduite du pasteur fait de lui un monstre d'insensibilité. Et cet homme a d'autres défauts aux yeux de plusieurs contemporains, dont celui d'être un « Canadien » passé du côté des « maudits » Anglais, du côté des hérétiques. Un « vireux de capot », comme on disait dans le temps. Pire, un apostat ! Rien pour le rendre sympathique au cœur de ses compatriotes francophones et des catholiques du village.

Le coroner, qui entretient des doutes sur la véracité des propos de l'homme d'Église, décide de mettre sa déposition à l'épreuve : il le dépêche à Ottawa, accompagné d'un *constable*[45], pour y trouver Moïse Ledoux, au nom duquel il a émis un mandat d'arrestation. Pendant ce temps, l'enquête suit son cours. Commence alors le défilé des témoins qui durera jusqu'au 23 juillet.

Les témoignages

Le premier des témoins est la servante du couple Babin, Mary Ann Carson, qui dit que le départ de Marie Aglaé de la maison a eu lieu trois jours après la visite de l'épouse de John Smith à la résidence du pasteur. Ce soir-là, Jérémie Babin lui a demandé d'aller lui chercher des élastiques en précisant qu'il lui permettait de ne revenir à son poste que le lendemain matin, c'est-à-dire découcher. La servante profite de la permission accordée et dort chez sa tante. Mais avant de quitter la maison de ses maîtres, elle salue Marie Aglaé qui se prépare à se mettre au lit. Le lendemain matin, à son retour chez les Babin, elle constate l'absence de l'infirme, de ses vêtements et de son fauteuil. Elle s'informe auprès de sa maîtresse qui lui répond que sa belle-sœur est partie et qu'un homme est venu la chercher. Cela va sans dire, le départ précipité de Marie Aglaé surprend la jeune domestique.

John Osgoode Smith, 47 ans, secrétaire-trésorier de la commission scolaire dissidente du canton de Buckingham qui a été chargé – comme marguillier ? – de l'église St. Stephen, vient témoigner à son tour. D'emblée, il n'hésite pas à contredire le pasteur sur la date de départ de Marie Aglaé de la maison. Il soutient que, le 11 avril 1866, Marie Aglaé vivait toujours chez son frère et que son épouse l'y a vue ce soir-là. Il ajoute qu'au moment

---

[46] En dehors des grands centres, l'administration courante de la justice criminelle était concentrée au chef-lieu de chacun des districts judiciaires. Le *grand constable*, assisté au besoin de *constables spéciaux*, veillait au respect de la loi sous la supervision des juges de paix et du shérif.

de la disparition de Marie Aglaé, il n'y avait pas moyen de se véhiculer dans une carriole par manque de neige au sol.

La première journée de l'enquête du coroner est terminée. La réputation du pasteur anglican est ternie. Il a eu bien raison de confier à son confrère, Seaman, que sa carrière était finie. Le jeudi matin, un avocat nommé McLeod, que Babin a embauché avec l'aide d'amis bien déterminés à défendre leur pasteur becs et ongles, se présente à l'enquête. S'ensuit une dispute entre le coroner, le président du jury et McLeod. L'avocat veut interroger John O. Smith. Le coroner lui dit qu'il ne peut le faire à moins qu'il déclare être l'avocat de la partie soupçonnée de crime. Suit un échange qui révèle que Babin est bel et bien soupçonné du meurtre de sa sœur aux yeux du coroner et des jurés :

Le président :

— Veuillez nommer la partie soupçonnée.

Le coroner :

— Le révérend monsieur Babin ; c'est un fait connu qu'il est soupçonné du meurtre de sa sœur.

McLeod :

— Je comparais au nom de l'homme mis en cause et des parents de la victime.

Le coroner :

— Vous pouvez procéder.

L'avocat procède alors à un contre-interrogatoire serré. Smith précise que la rivière du Lièvre s'est libérée de ses glaces le 19 avril précédent et explique où et comment les gens du village allaient couper la glace dans le cours d'eau. Ayant lui-même cessé de récolter de la glace au début du mois de mars, d'autres ont continué à le faire à quelques perches d'un sentier, dans les environs où le corps de la sœur du pasteur a été trouvé.

McLeod intervient en présentant un plan de la rivière du Lièvre. Il explique que le corps de Marie Aglaé Babin a, selon lui, été jeté au-dessus des chutes situées en amont du village et qu'il les a franchies. Il demande au témoin de commenter. Smith réplique en disant ne pas savoir si le plan est bon et qu'il ne se laissera pas embarrasser par une telle question. Le coroner ordonne au témoin de répondre. Smith hésite. Se demande-t-il ce que dissimule la question de l'avocat ? Car il doit bien se douter que si le corps avait franchi les chutes, il aurait dû être beaucoup plus meurtri qu'il ne l'était au moment de sa découverte.

Dans la salle, la chaleur qui fait perler la sueur sur tous les fronts élève la tension à son maximum. Excédé par la tournure que prend le débat, le président du jury s'interpose en demandant : « Sommes-nous tenus de siéger ici pendant douze mois si l'avocat de l'accusé estime à propos de poser des questions pendant tout ce temps ? » Et McLeod de répondre de façon cassante, provocante même : « Oui, et deux fois douze mois si je le désire ! »

Smith tente de répondre aux questions de l'avocat en disant qu'à son avis, le plan est inexact. Mais plus personne ne l'écoute. Une vive discussion vient d'éclater entre le coroner et McLeod sur le rôle de l'avocat dans cette enquête. Chacun soulève des points de loi, au grand dam d'un juré qui n'hésite pas à demander s'il est là pour assister à un cours de droit ou pour entendre des preuves. Agacé, l'avocat lance au coroner et aux jurés : « J'estime que votre conduite dans cette affaire s'apparente à poignarder le révérend pasteur dans le dos. » Les jurés sont furieux. Pourtant, l'avocat a raison : tous ont qualifié le principal témoin, Jérémie Babin, d'accusé, pire de meurtrier. Or, l'enquête du coroner n'est pas un procès. Et avant de soutenir que le pasteur est responsable de la mort de sa sœur, encore faut-il que le jury rende un verdict fondé sur des preuves oculaires ou, à tout le moins, circonstancielles. Or, on en n'est pas encore rendu là.

Le ton monte et des injures fusent. Un juré interrompt vivement l'avocat McLeod : « Je suis lassé de ce travail. Je suis d'opinion que nous connaissons nos fonctions et que nous n'avons aucun besoin de nous les faire rappeler. » Un autre réclame des excuses alors qu'un troisième, furieux, menace de quitter si on continue à s'injurier. Le coroner semble avoir perdu le contrôle de l'enquête qui est enfin ajournée au soir.

IV

OÙ EST PASSÉ LEDOUX ?

Pendant que des témoins défilent devant le coroner et les 22 jurés, Jérémie Babin est en route pour Ottawa, accompagné du connétable J. H. Johnson, du « surintendant » des mines Lochaber, Stephen T. Pierce, un fervent supporteur du pasteur, et d'un cocher. Le groupe compte y trouver Moïse Ledoux et le ramener à Buckingham. Johnson a d'ailleurs en poche un mandat d'amener à l'encontre de Ledoux, mandat qui précise qu'il est accusé du meurtre de Marie Aglaé Babin. Compte-t-on réellement trouver Ledoux à Ottawa ? Encore faudrait-il qu'il existe et, le cas échéant, qu'il n'ait pas pris la poudre d'escampette. Car il peut-être eu connaissance, par l'entremise des journaux comme *Le Canada*, *The Ottawa Citizen* ou *The Ottawa Times*, ou s'il ne sait pas lire, par l'intermédiaire d'une connaissance, des soupçons qui pèsent sur lui à l'égard de la mort violente de la sœur du pasteur Babin.

Pierce a une confiance absolue dans Babin, qui lui a d'ailleurs raconté comment il était venu à confier sa sœur à Ledoux : en février précédent, lui dit le pasteur, il s'était rendu à Ottawa, à l'hôtel Mathews, pour s'informer combien il lui en coûterait d'y loger sa sœur. Dans la salle de lecture, s'était approché de lui un homme qui lui avait demandé s'il était bien le pasteur de Buckingham à la recherche d'une pension de famille pour sa sœur. C'est ainsi qu'il aurait fait la connaissance de Ledoux, qui lui avait alors montré un certificat de bonne conduite de son curé. Pierce croit Babin. Il est vrai que le pasteur est un personnage au discours persuasif. Dans ses traits d'écriture, Jacqueline Lussier a d'ailleurs remarqué : « il avait le savoir-faire pour convaincre les autres [...][47] »

Le petit groupe effectue le trajet en l'agrémentant d'une potion à la mode : du brandy tiré d'un flacon que l'un d'eux – Pierce ou le cocher, car Babin est aussi sobre qu'un chameau – a apporté. Le groupe arrive à Burbank, un lieu-dit situé à 20 kilomètres à l'est de Buckingham[48], à quatre heures du matin. Il s'y arrête pour se restaurer et faire reposer les chevaux. Quand le connétable entre dans la salle d'attente du relais, le pasteur y est déjà attablé et en train d'y écrire une lettre, alors que Pierce est allongé sur un divan. La conversation démarre entre Babin et Johnson pendant que ce dernier s'allume une pipe dont il tire de longues bouffées de boucane qu'il exhale en épaisses volutes grises. Le pasteur semble tourmenté. Soudain, à la stupéfaction du connétable, il demande : « Ne ferai-je pas mieux de me rendre aux autorités judiciaires ? » Cette question laisse à penser que Babin ne compte pas trouver Ledoux à Ottawa. Quoi qu'il en soit, le connétable enregistre la question que Babin, plus tard, niera avoir posée. Puis le groupe reprend sa route en direction d'Ottawa.

Les Buckinois font leur entrée aux Chaudières, quartier industriel de la capitale du Canada-Uni qui doit son nom aux chutes du même nom, par le pont Union qui enjambe la rivière des Outaouais. Les quatre hommes traversent le complexe industriel, où un millier de travailleurs suent sang et eau dans une dizaine de scieries, pour se rendre à l'hôtel de ville, rue Elgin.

Ottawa est en pleine effervescence ; c'est un véritable chantier de construction. De nombreux immeubles et logements sont en voie d'édification

---

[47] Analyse *op. cit.*

[48] Sans doute aux environs du boulevard Lorrain à Gatineau. Toutefois, selon Pierre-Louis Lapointe, un certain David Burbank demeurait dans le rang VI du canton de Templeton. Communication à l'auteur, 8 janvier 2005.

pour y abriter le siège de la capitale de la future fédération – abusivement nommée confédération – dont le nom officiel sera *Dominion* du Canada, et y loger 350 fonctionnaires qui viennent y élire domicile. La construction du parlement est achevée ; il ne reste qu'à terminer la tour et à édifier la bibliothèque dont les fondations commencent à prendre forme. Déjà, la capitale jouit d'une belle renommée. Selon le journal *La Minerve*, les touristes « [...] ne se lassent pas de contempler les magnifiques paysages ; la rivière avec ses chutes et ses allées, les falaises escarpées [...] »[49] Depuis le 5 juin, les députés sont réunis pour la dernière session du Parlement du Canada-Uni qui se terminera le 15 août suivant.

À l'hôtel de ville, les autorités mettent à la disposition des Buckinois un des douze policiers de la capitale, Francis Ritchie. Celui-ci commence par consulter le rôle d'évaluation de la municipalité. Aucun bâtiment, aucun logis n'est ou n'a été inscrit au nom de Moïse Ledoux. Le policier, qui a d'autres instruments de recherche à sa disposition, consulte ensuite le rôle de la milice de la ville, sur laquelle doit apparaître le nom de tous les hommes valides âgés de 18 à 60 ans qui peuvent être intégrés à l'armée en cas de besoin. Encore une fois, on n'y trouve pas la moindre mention de Moïse Ledoux.

On peut imaginer que Jérémie Babin et Stephen Pierce reviennent à Buckingham quelque peu déçus. Mais Babin ne joue-t-il pas un rôle ? Quant au connétable Johnson et au policier Ritchie, ils poursuivent leur enquête dans les méandres des Flats[50] (aussi appelés LeBreton Flats ou Plaines LeBreton) à la recherche de Moïse Ledoux. Les deux limiers ont beau poser des questions à droite et à gauche, personne ne connaît ou n'a connu Ledoux. On ne se souvient pas plus d'avoir vu dans les parages une femme répondant au signalement de Marie Aglaé. Quant à Ledoux, son signalement est si imprécis que les enquêteurs ne doivent pas s'étonner de faire chou blanc. Moïse Ledoux existe-t-il, ou est-il l'invention d'un pasteur... assassin sinon complice ? Toujours est-il que les deux enquêteurs continuent leur

---

[49] BONENFANT, Jean-Charles, « La dernière session de l'Union » dans *Les Cahiers des dix*, Montréal, 1965, pp. 51 et 52.

[50] On écrit aussi *flatts*. Mais en 1866, la graphie la plus usitée semble celle employée dans le présent ouvrage.

enquête bien que leur espoir de mettre la main sur Ledoux soit de plus en plus faible.

À Buckingham, la deuxième journée de l'enquête du coroner qui se termine ne dit rien qui vaille à la population. Elle sait bien qu'il y a deux justices en ce monde : l'une pour les puissants, vaches sacrées de la société, et l'autre pour le commun des mortels. Et les pasteurs font généralement partie du premier groupe. N'empêche, elle aimerait bien voir le ministre anglican accusé de meurtre et puni à la mesure de son crime.

Une enquête qui s'éternise

L'enquête reprend le samedi matin. Elle commence par le témoignage de W. C. Kendall, un homme qui connaît bien Babin, puisque le pasteur a vécu chez lui pendant l'année précédant son mariage. L'homme explique que c'est lui qui a averti Jérémie Babin de la découverte de sa sœur noyée. Le pasteur lui a alors raconté, d'une façon maladroite, qu'un certain Ledoux était venu la chercher à la maison et que si ce dernier était assez méchant pour avoir tué sa sœur, il devait être aussi assez méchant pour avoir quitté le pays afin d'échapper aux conséquences de son geste.

Kendall a une bonne connaissance de la rivière du Lièvre, puisqu'il est chargé de superviser les travaux de construction des caissons dans le cours d'eau. Selon lui, la glace était coupée sur une largeur de trois pieds (90 centimètres) autour de chacun des caissons. Il pense que c'est dans cet espace libre de glace que Marie Aglaé a été noyée. Il ajoute que de la maison du pasteur, il y avait un sentier qui menait à un trou pratiqué dans la glace de la rivière. Babin y amenait boire son cheval. Le sentier était suffisamment large pour y permettre le passage d'un traîneau, mais il n'y a jamais vu de trace de patins.

- DES CURÉS LIBIDINEUX -

Il n'y a pas que les pasteurs protestants qui faillissent à leurs devoirs au XIX° siècle. En effet, plus d'un prêtre catholique trahit la confiance de ses ouailles par ses comportements. Le curé de la Petite-Rivière, Thomas Gauthier-Larouche, est interdit pour causes d'ivrognerie et de débauche avec les femmes. Le vicaire de Saint-Vital de Lambton, Nazaire Leclerc, est déplacé en 1851 pour inceste avec sa sœur puis pour relations avec la femme de son bedeau.

Les autorités ecclésiastiques n'interviennent pas toujours en faveur des victimes. Ainsi, quand Mme de Bercy informe Mgr Lartigue que le curé de Sainte-Mélanie, M. Ginguet, corrompt les enfants, l'évêque lui répond que ses prêtres ne peuvent pas être parfaits et qu'il lui en faut !

DESSAULES, Louis-Antoine, *Petit bréviaire des vices de notre clergé*, texte établi par Georges Aubin, Trois-Pistoles, éd. Trois-Pistoles, 2005.

Le témoin se souvient que, le 12 avril précédent, il n'y avait plus moyen d'employer les carrioles montées sur patins en raison du manque de neige. Et cela, il peut le prouver, parce que deux jours plus tôt, alors que son épouse était allée prendre le thé chez l'épouse du pasteur, il avait inscrit dans son carnet la quantité de travail accompli au glissoir pendant l'hiver ainsi que d'autres détails. Cette déclaration de Kendall est importante, parce que d'autres témoins ont remarqué que la carriole de Babin était endommagée. Un membre du jury qui, lui aussi, connaît bien la rivière, ajoute au témoignage de Kendall qu'un chemin passait devant la résidence de Babin, contournait la baie et conduisait aussi aux caissons en construction. Seuls Babin et ses trois ou quatre voisins l'empruntaient.

L'enquête est interrompue en fin de journée pour permettre à chacun de louer le Seigneur pendant la journée du dimanche. Elle reprend le lundi à neuf heures trente. L'unique journée de repos hebdomadaire a permis à une rumeur de circuler dans tout le canton : Marie Aglaé Babin aurait été

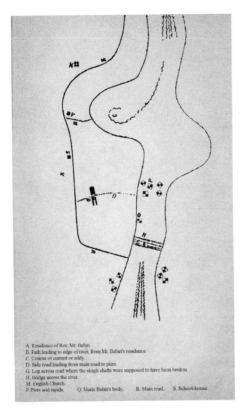

A. Residence of Rev. Mr. Babin.
B. Path leading to edge of river, from Mr. Babin's residence.
C. Course of current or eddy.
D. Side road leading from main road to piers.
G. Log across road where the sleigh shafts were supposed to have been broken.
H. Bridge across the river.
M. English Church.
P. Piers and rapids.   Q. Marie Babin's body.   R. Main road.   S. School-house.

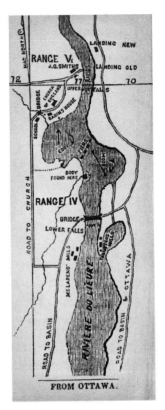

4- Carte de la rivière du
Lièvre à Buckingham tirée
du *Ottawa Times* (Ottawa),
28 janvier 1867.

5- Carte de la rivière du
Lièvre à Buckingham tirée
de *The Montreal Gazette*
(Montréal), 28 janvier 1867.

empoisonnée à la strychnine. Mais, comme l'estomac de la victime n'a pas été analysé, la rumeur ne pourra jamais être confirmée ou infirmée. Le coroner n'y attache d'ailleurs pas d'importance et règle la question avec les témoins Kendall et Smith en deux temps trois mouvements.

Appelé à témoigner, le cocher Jean-Baptiste Valiquette, celui-là même qui a conduit Marie Aglaé à Buckingham au mois de février précédent, confirme qu'il y a bien eu altercation entre les frères Babin au sujet de la jeune femme handicapée. Puis, le coroner décide d'ajourner l'enquête au mercredi suivant pour permettre à l'avocat McLeod de faire comparaître Moïse Ledoux.

Plusieurs membres du jury sont en furie. Ils se disent prêts à aller de l'avant et n'ont pas l'intention de permettre à l'avocat de les retenir à leur poste pendant douze mois comme il a menacé de le faire, d'autant plus qu'ils ont autre chose à faire, comme gagner leur vie. Intraitable, le coroner refuse de se rendre aux arguments des jurés et ajourne la tenue de l'enquête comme prévu.

Mercredi matin, neuf heures, l'enquête du coroner reprend. L'assistance se demande si Ledoux fera son entrée dans la salle. Le coroner, lui, doit déjà savoir ce qui va se passer au cours des prochaines minutes. De nombreux badauds sont massés près de l'entrée au cas où ils pourraient y apercevoir cet homme que le pasteur accuse de meurtre.

Babin et McLeod font enfin leur apparition dans la salle. Chacun scrute leurs regards, leurs visages, à l'affût de la moindre expression de triomphe ou de dépit. Aucun inconnu ne les accompagne. Sans doute Ledoux sera-t-il absent, se disent des témoins de la scène. La séance débute et McLeod prend la parole. Il n'a pas le choix. Il avoue avec regret que Moïse Ledoux reste introuvable. Pour la plupart des membres du jury, la cause est entendue. Tant Babin, McLeod que Pierce sont incapables de prouver l'existence de Ledoux. Ni le connétable Johnson ni le policier Ritchie n'ont pu mettre la main sur le soi-disant propriétaire d'une présumée maison de pension ou même démontrer qu'il a déjà eu pignon sur rue dans la petite capitale qu'est alors Ottawa.

Le peu de crédibilité dont jouit encore le révérend Babin à Buckingham fond comme neige au soleil. Son rôle dans la disparition de sa sœur fait de moins en moins de doute, sauf pour Stephen Pierce qui croit aveuglément en son pasteur. Pourtant, Babin n'a même pas réussi à localiser la fameuse pension de famille où sa sœur aurait été hébergée trois mois plus tôt. Néanmoins, les amis du révérend ne peuvent pas imaginer qu'un homme d'Église, par surcroît leur pasteur, ait contrevenu au cinquième commandement de Dieu : « Tu ne tueras point » ! Or, les pasteurs ne sont pas différents du commun des mortels et plus d'un ecclésiastique, jusqu'au sommet des hiérarchies religieuses, a tué, massacré son prochain sans trop de remords sinon aucun. Les inquisiteurs dominicains en sont le plus épouvantable exemple.

Des témoins continuent à défiler devant le coroner jusqu'au vendredi suivant, jour où Steacy met fin à l'enquête pour permettre aux jurés d'établir un verdict sur la ou les causes de la mort de Marie Aglaé Babin. Le 23 juillet 1866, un mois moins deux jours après la découverte du cadavre de Marie Aglaé, le jury du tribunal du coroner se réunit une dernière fois après avoir pris en considération tous les témoignages présentés pour enfin rendre un verdict quelque peu surprenant. En effet, c'est à l'unanimité que le jury déclare que Marie Aglaé Babin est décédée de mort violente ; qu'elle a été malicieusement et criminellement noyée dans la rivière du Lièvre vers le 12 avril 1866 ; que son frère, le révérend Jérémie Babin, a causé sa mort et qu'une personne nommée Moïse Ledoux a été son complice.

En dépit du fait que l'existence de Moïse Ledoux ne soit pas prouvée et que son accusateur soit l'accusé, il est quand même qualifié de complice dans la mort de la sœur du pasteur anglican. À vrai dire, personne ne veut croire dans la culpabilité du pasteur Babin. Un tel geste de la part d'un homme d'Église est inconcevable. Pourtant, la conduite du pasteur envers sa sœur a été plutôt équivoque. Lui-même croit que des membres du jury ne lui reprochent que son indifférence :

> [...] ces messieurs [les membres du jury] ne croyaient pas unanimement que j'aie criminellement et malicieusement assassiné mon infortunée sœur et que certains jurés estimaient que je n'étais qu'une cause lointaine de sa mort[51].

Le pasteur estime aussi que le quotidien ottavien *The Ottawa Citizen* le maltraite injustement. Il est soutenu en cela par Stephen T. Pierce qui, le 10 juillet précédent, dans une lettre adressée au rédacteur, s'est plaint d'erreurs publiées par le journal pour enfin affirmer qu'il y avait fort peu de mystère dans l'affaire du *Buckingham Mystery*[52]. Il reste que ce peu de

---

[51] ANC MG30 B48, fonds John Alexander Simpson. Traduction libre.
[52] *The Ottawa Citizen* (Ottawa) 10 juillet 1866.

mystère qui, dévoilé, pourrait expédier un homme à l'échafaud, n'est pas résolu. Jérémie Babin nie avoir assassiné sa sœur, mais ni le jury ni la plupart de ses concitoyens ne le croient.

Étrange personnage que ce Jérémie Babin. Il a l'air d'une personne qui camoufle ou refoule un défaut secret, une fêlure qui le rend inquiétant, comme un mécanisme parfaitement sain d'apparence recèle un grain de sable pouvant entraîner une brusque cassure et créer des drames.

Comment la jeune épouse du pasteur vit-elle l'enquête ? Comme un calvaire ? Encore faudrait-il qu'elle ne soit pour rien dans la mort de sa belle-sœur. Elle n'apprend pas tout de suite le verdict du jury. En effet, ce jour-là, et sans doute depuis quelque temps déjà, Elisabeth Abbott n'est pas à Buckingham, mais à Saint-André d'Argenteuil, vraisemblablement chez sa mère, la veuve Abbott. Et ce, pour une bonne raison : elle y accouche d'une petite fille, laquelle sera nommée Francis Alice Macdonald[53]. Plus connue sous le prénom d'Alice, cette femme souffrira de psychose maniaco-dépressive[54], comme marquée des stigmates de l'odieux assassinat de Marie Aglaé dont son père est accusé.

La prison

Le verdict prononcé, Jérémie Babin est immédiatement mis en état d'arrestation et conduit à la prison d'Aylmer, aussi surnommée *Dark Hole* – le trou noir –, attenante au Palais de justice construit en 1852. Il y est enfermé dans une étroite cellule aux murs glacés et sombres, où il doit disputer à la vermine sa pauvre nourriture. Son menu quotidien est constitué d'une livre et demie de pain rassis d'au moins une journée, de deux livres de pommes de terre et d'une pinte de gruau[55]. Cinq autres prisonniers complètent alors la population de la maison de détention : des batailleurs, des

---

[53] Registre des BMS de Christ Church, Saint-André-d'Argenteuil, 23 juillet 1866.
[54] La psychose maniaco-dépressive ou maladie bipolaire, est une maladie qui entraîne des dérèglements de l'humeur qui se manifestent par des phases de dépression suivies de phases d'excitation (manie). Ces phases peuvent être d'intensité variable et s'entrecoupent parfois de périodes normales. Les périodes de dépression durent de six à neuf mois, les phases maniaques, elles, de trois à six mois.
[55] BRAULT, Lucien, *Aylmer d'hier / of yesterday*, Aylmer, Institut d'histoire de l'Outaouais, 1981, p. 87.

voleurs et un trafiquant d'alcool. Le 26 juillet, c'est-à-dire trois jours après son incarcération dans ce monde clos où les rêves se fracassent contre des murs gris et poisseux, le pasteur rédige une longue lettre à un destinataire anonyme. Il y écrit :

> On m'a dit que l'hon. John Abbott ne pourrait pas verser ma caution pour deux raisons : premièrement, parce qu'il est avocat ; deuxièmement, parce qu'il est mon avocat et qu'il doit plaider ma cause[56].

Babin n'a pas les moyens de payer sa caution, dont la somme n'a pas été rendue publique, et demande à son interlocuteur – un homme, puisqu'il l'appelle *Sir* – de l'aider. Ceci n'est pas étonnant, compte tenu du fait que les fonctions de pasteur ne sont pas très lucratives, particulièrement dans une mission aussi petite que celle de Buckingham, et qu'on a à son emploi une servante. Toutefois, sa belle-famille ayant beaucoup d'influence et des moyens financiers substantiels, il devrait pouvoir compter sur elle pour se sortir de ce mauvais pas. Souvenons-nous que John Caldwell Abbott a été « solliciteur général » du Canada-Uni en 1862 et qu'il a beaucoup de relations.

Babin sait-il qu'il est père d'une petite fille ? Il n'en souffle pas un mot dans la lettre du 26 juillet, tout entier qu'il est à son malheur. Heureusement pour lui, il conserve quelques amis qui mettent tout en œuvre pour l'innocenter. Le 11 août 1866, il écrit à l'un d'eux, Stephen Pierce, et lui demande de fouiller sa maison pour y trouver une lettre de Ledoux. Apparemment toujours convaincu de l'honnêteté de son pasteur et de l'existence de Moïse Ledoux, Pierce procède d'abord à l'embauche de deux hommes pour faire enquête : William A. Cameron, policier de la ville d'Ottawa, et Edward J. O'Neil, détective de la police d'Ottawa. Puis, le 19 août, avec l'aide de son épouse, de sa fille de quatre ans, de W. C. Kendall et du révérend Samual S. Strong, le successeur de Babin à la mission St. Stephen, il procède à une minutieuse inspection de la maison de Babin.

---

[56] ANC MG30 B48, *op. cit.* Traduction libre.

Personne n'ayant payé la caution qui lui permettrait une libération temporaire, Jérémie Babin croupit dans sa cellule. Il y moisit jusqu'au mois de novembre, alors qu'il réussit enfin à trouver l'argent qui lui ouvre les portes de sa cellule[57]. Pour combien de temps ?

---

[57] BAC, RG 4, C1, Provincial Secretary's Office Canada-East (P.S.O. C.-E.) 1866, vol 590, dossier 701.

Assister un criminel avant qu'il soit arrêté, c'est être son complice.

Assister un criminel après qu'il soit arrêté, c'est être son avocat.

Anonyme

V

LE PROCÈS

- - - - - - - - - -

L'an 1867 débute. L'Outaouais est recouvert d'une épaisse couche de neige et l'eau de ses rivières est gelée. À Ottawa, la gente politicienne est en effervescence, car le 1ᵉʳ juillet suivant entrera en vigueur la constitution canadienne – le British North America Act –, constitution adoptée sans le concours de la population, une quantité négligeable aux yeux des dirigeants de l'époque, convaincus de leur supériorité de classe[58]. Les préparatifs visant à célébrer l'avènement de la pseudo-confédération sont assombris par les féniens qui ont juré d'envahir le pays – ils n'en ont toutefois pas les moyens[59]. Pour protéger la capitale des éventuels envahisseurs qui sont pourtant fort peu nombreux, les autorités ont truffé Ottawa de soldats.

Pendant ce temps-là, à Buckingham, des citoyens se questionnent sur l'affaire Babin, d'autant plus que la déposition de l'accusé compte certaines

---

[58] Les Canadiens n'ont pas plus été consultés à l'adoption, en 1982, de l'actuelle constitution qu'aucun gouvernement québécois n'a ratifiée.

[59] Les féniens étaient les membres d'une association révolutionnaire nationaliste formée secrètement et dont le but était de soustraire l'Irlande à la domination britannique. La branche américaine du mouvement a été fondée en 1858 pour alimenter le soutien américano-irlandais envers la libération de l'Irlande.

lacunes : comment se fait-il que le corps de la sœur du pasteur ait été trouvé à moins de 500 mètres de la maison de Babin, alors que c'est à plus de 3 kilomètres du village, en aval de la rivière, qu'il aurait remis Marie Aglaé à des étrangers ? Si Ledoux et son présumé comparse ont assassiné la jeune femme, on se demande bien pourquoi ils auraient alors rebroussé chemin pour perpétrer leur crime si près de la maison du pasteur. Par ailleurs, d'autres personnes, moins portées sur les détails, ont déjà fait le procès de Babin et l'ont condamné, alors que ses amis l'innocentent sans douter un instant de son honnêteté ou pour simplement protéger l'Église d'Angleterre d'un scandale, elle qui en a vu bien d'autres au cours de son histoire.

Le procès de Jérémie Babin a lieu à Aylmer, siège du district judiciaire du comté d'Ottawa depuis 1852. Situé à une douzaine de kilomètres en amont d'Ottawa, Aylmer compte 1 600 habitants et commence à perdre de son importance devant le village de Hull qui croît rapidement à la faveur de l'établissement de nombreuses scieries à la chute des Chaudières.

6- L'ancien Palais de justice
d'Aylmer (Gatineau) aujourd'hui
transformé en centre culturel.

Ainsi, en cette fin de janvier 1867, le chef-lieu du district judiciaire est en effervescence ; l'affaire Babin fait beaucoup de bruit, non seulement au pays, mais même aux États-Unis où le *Daily News* de Fort Wayne, Indiana, en a parlé le 26 août précédent[60]. La neige qui a tombé pendant deux jours ne retarde pas le procès : il commence le 23 janvier dans une ambiance hostile à l'accusé ; les villageois sont convaincus de la culpabilité du pasteur et rejettent avec mépris sa famille : les hôteliers du village, qui font des affaires d'or – le crime paie, n'en doutons pas ! – refusent même d'héberger sa femme et sa belle-mère venues l'appuyer. C'est le maître de poste d'Aylmer, le docteur John R. Woods, un catholique, qui accueille généreusement chez lui les Abbott.

Pour un petit village comme Aylmer, autrefois appelé Symmes Landing, où les distractions sont rares, un pareil procès est un véritable événement et on s'agglutine dans la salle du tribunal aux murs de pierres recouverts de boiseries sombres. Hauts-de-forme et casquettes s'agitent dans tous les sens. Surprise : ce n'est pas John Caldwell Abbott qui représente l'accusé, mais le fameux avocat montréalais, Bernard Devlin[61], assisté de John A. Perkins. Cela est quand même étonnant, parce que, au temps où Abbott était solliciteur général du Canada-Uni, il insistait pour agir lui-même à titre de procureur de la couronne malgré sa modeste expérience des affaires criminelles. Une question se pose : où Babin a-t-il puisé l'argent pour se payer deux défenseurs quand il lui a fallu compter sur des amis ou la famille pour réunir la caution qui l'a libéré de la sinistre prison où il était détenu ? Le *Morning Chronicle* de Québec écrit que l'épouse du pasteur a de bonnes relations à Montréal, mais ne les nomme pas. De plus, il ajoute qu'un certain nombre d'ecclésiastiques auraient contribué de leurs deniers à la défense de leur confrère[62].

---

[60] Communication de la généalogiste Jocelyne Frédérick-Fournier à l'auteur.
[61] Député de Montréal-Centre à la Chambre des communes, de 1874 à 1878, il meurt à Denver, Colorado, États-Unis, en 1880. Soulignons qu'il s'est prononcé en faveur de l'amnistie du célèbre Louis Riel.
[62] *Morning Chronicle* (Québec), 30 janvier 1867.

7- Le juge Aimé Lafontaine (1810-1884).

Âgé de 42 ans, Bernard Devlin, criminaliste d'origine irlandaise, pratique le droit depuis 1847. Il a fait sa marque comme avocat des États-Unis dans une poursuite contre les Confédérés étasuniens qui ont participé au raid de St. Alban deux ans plus tôt[63]. Son adversaire était alors... John Caldwell Abbott ! Excellent orateur, Devlin siège au conseil municipal de la Ville de Montréal à titre d'échevin et songe à se présenter aux prochaines élections générales, qui seront les premières de la nouvelle fédération canadienne, contre le renommé Thomas D'Arcy McGee[64]. Devlin a pensé un instant à demander le transfert du procès à Montréal à cause de la partialité de la population. Néanmoins confiant dans ses capacités de persuasion, il abandonne ce projet le matin même où le procès commence.

----

[63] Après avoir effectué un raid le 19 octobre 1864 (guerre de Sécession) à St. Alban, au Vermont, des Sudistes s'étaient enfuis au Canada, poursuivis par des Nordistes qui étaient entrés à leur tour sur le territoire canadien.
[64] Assassiné le 7 avril 1868 à Ottawa.

La poursuite repose sur les épaules du jeune procureur de la Couronne, Thomas J. Walsh, diplômé de McGill en 1860[65] ; il a mené l'enquête à partir de Montréal. Nul doute qu'il connaît bien son adversaire Devlin : comme lui, il a son bureau dans la rue Little St. James à Montréal. Le *Montreal Weekly Business* écrit toutefois : « Nous ne sommes pas du tout familiers avec l'avocat employé comme procureur de la couronne [...][66] » Cette affirmation révèle que Walsh est inexpérimenté, à tout le moins en matière de poursuite.

Le juge Aimé Lafontaine, d'origine trifluvienne, préside le procès en dépit des accusations d'incompétence portées contre lui par une partie de la bourgeoisie aylmeroise. On lui reproche sa négligence dans l'accomplissement de son devoir, de fraude et d'incompétence. Mais George-Étienne Cartier en fait l'éloge à l'Assemblée législative : « [...] je suis responsable de sa nomination et je défie l'honorable député d'Hochelaga de dire un mot contre l'honneur et la compétence de ce magistrat[67]. » Comme la vie ne déteste pas les hasards, soulignons que George-Étienne Cartier était du même parti, celui du Gouvernement, que John Joseph Caldwell Abbott !

- *LE JUGE LAFONTAINE* -

Aimé Lafontaine naît aux Trois-Rivières en 1810. Ses études classiques terminées au séminaire de Nicolet et se croyant appelé à la prêtrise, il prend la soutane et reçoit la tonsure à Québec en 1830.

Professeur au collège classique de Sainte-Anne-de-la-Pocatière de 1830 à 1832, il se rend compte que l'état ecclésiastique n'est pas pour lui. Il se dirige alors vers le droit pour être admis au barreau en 1838.

→

[65] Communication de Mme Mary Houde, Refdesk Archives, Université McGill, 15 février 2005. Walsh a d'abord fait partie de l'étude Walsh & McCoy en 1861-1862
[66] *The Montreal Weekly Witness* (Montréal), 8 février 1867.
[67] BRAULT, Lucien, *Aylmer d'hier / of yesteryear*, Aylmer, Institut d'histoire de l'Outaouais, 1981, p. 89.

> Premier avocat à exercer en Outaouais, il est nommé agent des terres de la Couronne puis, en 1857, greffier de la Cour de circuit qui vient d'être établie à Aylmer. Un peu plus tard, on ajoute à ses fonctions celles de protonotaire du nouveau district judiciaire d'Ottawa.
>
> Nommé juge en 1859 à l'instigation de George-Étienne Cartier, Aimé Lafontaine prend sa retraite en 1876 et meurt à Aylmer le 7 juillet 1884.

L'hiver s'arrête aux fenêtres de la salle du tribunal qui est pleine à craquer. À l'avant, juste à la droite du juge, face à l'assistance, prend place l'évêque métropolitain anglican du Québec et ancien supérieur de Jérémie Babin. L'épouse de l'accusé, bien décidée à soutenir son mari au vu et au su de tous, quoi qu'il advienne, est assise immédiatement derrière l'avocat Devlin. N'est-elle pas mariée « pour le meilleur et pour le pire » comme le dit la formule d'engagement nuptial ? Babin, dont le col blanc tranche sur le noir de son costume, montre un visage impassible, figé comme un masque funèbre, mais légèrement empourpré. La table est mise, le procès peut maintenant commencer.

D'entrée de jeu, l'avocat d'origine irlandaise exige que chaque membre du jury comprenne l'anglais, bien que son client soit de langue maternelle française[68]. Le français n'est évidemment pas très populaire sur les bords de l'Outaouais. Ainsi, quand un député du Québec ose parler français à l'Assemblée législative du Canada-Uni, l'illustre enceinte se vide, les Anglais s'enfuient en hâte[69]. Au Canada, le français est une langue en exil. Derrière l'exigence de Devlin, il y a sans doute un habile calcul : il sait bien que si le jury est composé en majorité d'anglophones, il y a des chances pour que les protestants y soient majoritaires et les catholiques minoritaires. Or, un jury à majorité protestante se hasarderait-il à condamner un pasteur anti-

---

[68] Généralement, les procès étaient tenus en anglais et en français en Outaouais québécois, du moins quand l'accusé était de langue française.

[69] DAVID, L.-O., *Mélanges historiques et autres*, Montréal, Libraire Beauchemin limitée, 1926, p. 72.

papiste ? Devlin, qui est lui-même catholique, parie que non. Chose certaine, il est au fait que la population francophone voit dans son client un renégat. Toujours est-il que le jury se voit composer de dix anglophones sur douze personnes, tous des hommes, comme il se doit alors. « Guilty or not guilty ? » demande le greffier de la cour. D'une voix faiblarde, mais dans un anglais impeccable, Babin répond : « Not guilty. »

La lutte qui s'engage n'est pas celle de la vérité contre le mensonge ni celle de la justice contre le mal, mais surtout celle d'un avocat contre un autre, de l'accusation contre la défense. Et que le meilleur gagne ! Car c'est bien plus sur l'éloquence et la perspicacité des hommes de loi que le jury rendra son verdict que sur des preuves, parce que des preuves oculaires il n'y en a point. Le procureur de la Couronne, c'est-à-dire l'accusateur, part toutefois avec une longueur d'avance sur son adversaire à cause de l'appui que la population lui accorde dans cette affaire. Plus d'un villageois, catholique ou francophobe, aimerait voir le pasteur se balancer au bout d'une corde, du jamais vu au Canada.

Le jeune procureur montréalais, Thomas J. Walsh, prend le premier la parole et souligne aux membres du jury qu'ils sont appelés à exécuter l'une des tâches les plus importantes que la loi d'un pays libre confie à ses citoyens, soit celle de juger un de leurs compatriotes. Il annonce qu'il va démontrer que le pasteur Jérémie Babin a volontairement assassiné sa sœur, Marie Aglaé, une pauvre infirme incapable de se défendre.

Sur le banc des accusés, le visage d'abord rouge d'indignation de Jérémie Babin devient subitement blême, livide, comme celui d'un homme tout près de perdre connaissance. L'avocat de la défense, Bernard Devlin, réplique à l'accusation en assurant le jury, et plus particulièrement son client, qu'il va prouver, hors de tout doute, que le pasteur Babin n'a rien eu à voir avec la mort de sa sœur et qu'il va établir, preuves à l'appui, l'existence de l'insaisissable Moïse Ledoux.

L'assistance se trémousse de satisfaction sur les sièges qui lui sont réservés. Enfin, l'existence de Moïse Ledoux dont on parle depuis six mois sera démontrée. Plusieurs espèrent même le voir. Mais si Ledoux existe bel et bien, comment Walsh pourra-t-il démontrer la culpabilité du pasteur ?

De nombreux observateurs estiment que Babin et Ledoux sont complices et ils ont bien hâte de voir comment les avocats s'y prendront pour faire condamner ou innocenter Jérémie Babin.

C'est d'abord au procureur de la Couronne de présenter les témoins à charge. On ne peut pas dire que Walsh fait preuve d'une imagination débordante ni de zèle dans sa fonction : il se borne à faire témoigner des personnes qui ont déjà comparu devant le coroner Steacy, l'été précédent, et à leur faire répéter ou préciser leur déposition. Il est vrai que l'expérience du procureur n'est pas très grande. Est-ce pour cela qu'il a été choisi ? La justice canadienne n'est peut-être pas aussi limpide qu'elle veut bien le faire croire et plus d'un homme de droit a fait preuve de rouerie au cours de sa carrière. Les annales judiciaires en comptent de nombreux exemples. Pensons à Cordélia Viau et Sam Parslow, exécutés en 1899 pour le meurtre d'Isidore Poirier et dont Pauline Cadieux a démontré l'innocence dans *La lampe dans la fenêtre* et *Justice pour une femme*[70] ; à David Milgaard, innocenté en 1997 après avoir purgé 22 ans de prison ; à Steven Truscott, 14 ans, injustement condamné à la peine capitale en 1959 pour un meurtre qu'il n'avait pas commis[71], etc.

Le premier des témoins cités, Benjamin Ménard, confirme que c'est lui qui a fait la découverte du corps de la victime qui flottait sur la rivière, du même côté que le logis du pasteur. Fin renard, l'avocat Devlin demande l'interruption de l'ordre de comparution des témoins à charge pour faire témoigner l'évêque anglican de Québec, le très britannique James William Williams, 41 ans, ancien recteur du collège Bishop, qui doit apparemment s'en retourner dans sa ville épiscopale le plus tôt possible, le salut des âmes anglicanes ne pouvant patienter[72]. Le révérend Williams n'a pour Babin que des éloges. Il dit le connaître depuis 1859 et assure que sa réputation est sans tache. Ne lui a-t-il d'ailleurs pas déjà confié, à deux reprises précise-t-il,

---

[70] Livres publiés chez Libres Expression.

[71] Sa peine a été commuée en prison à vie.

[72] Né en 1825 à Overton, Hampshire, Angleterre, il a été ordonné pasteur de l'Église anglicane en 1856. L'année suivante, il s'établissait au Canada et est devenu recteur du Bishop's College puis, en 1863, évêque du diocèse anglican de Québec.

des missions importantes dont il s'est fort bien acquitté ? Devlin ne s'arrête pas en si bon chemin et en profite pour faire témoigner, du même coup, le pasteur des Trois-Rivières, le révérend Torrance, qui accompagne l'évêque à Aylmer. Celui-ci déclare avoir été abasourdi par l'accusation dont fait l'objet son confrère de Buckingham pour ensuite ajouter que le clergé et les fidèles anglicans ont une haute opinion du pasteur Babin qui a œuvré quelque temps aux Trois-Rivières, avant son établissement à Buckingham.

Avec les témoignages de ces deux ecclésiastiques de renom, l'habile Devlin vient d'inscrire, dans la mémoire des membres du jury, une première impression favorable à l'endroit de l'accusé : soit celle d'un pasteur obéissant et d'une grande probité, qui a toujours accompli avec brio les tâches que ses supérieurs lui ont confiées. Soulignons toutefois l'absence, au procès, du supérieur hiérarchique de Babin, Mgr Francis Fulford, évêque de Montréal.

Le procès reprend son cours normal avec le défilement des témoins à charge, dont celui très attendu de la servante de Babin, Mary Ann Carson. Celle-ci, qui connaît le pasteur depuis deux ans, était à son emploi, comme servante, depuis le mois de février 1865. Elle maintient le témoignage qu'elle a présenté à l'enquête du coroner tout en y ajoutant des détails importants. Elle n'hésite pas à affirmer que Marie Aglaé n'est jamais sortie de sa chambre tout le temps où elle a vécu chez son frère à Buckingham, qu'elle n'a jamais été présentée à un visiteur et que jamais on ne parlait d'elle quand un étranger était à la maison. Toutefois, les occupants de la maison la visitaient, de même que la mère de l'épouse de Babin, la veuve Abbott née Smith. Jamais malade, Marie Aglaé passait le plus clair de son temps seule. Puis, elle raconte comment elle a appris le départ de Marie Aglaé après qu'Elisabeth Abbott, l'épouse de Babin, l'eut envoyée chercher des élastiques :

> Vers le 12 avril, Mme Babin m'a envoyé un message ; j'ai été absente de la maison du prisonnier pendant toute la soirée quand elle [la victime] est partie. Le message disait que je pouvais revenir à la maison ce soir-là ou rester chez ma tante ; je suis restée chez ma tante toute la nuit. Je pouvais me rendre à la maison des Babin en cinq minutes. J'avais quitté la maison du prisonnier vers sept ou huit

heures ; j'y ai laissé le prisonnier, sa femme et Mary Babin. J'étais dans la chambre de la victime à six heures et je lui ai laissé son repas. Avant que je ne quitte la maison, elle s'était préparée pour le coucher ; elle n'avait pas besoin d'aide pour aller au lit [...] [73]

Mary Ann Carson ajoute un point important : elle a vu Marie Aglaé se dévêtir et enlever ses souliers le soir de sa disparition ! Cela révèle que l'infirme ne savait pas qu'elle quitterait la maison de son frère ce soir-là. Ainsi, la décision de se débarrasser de l'infortunée infirme laisse croire qu'elle aurait été prise soudainement, car la servante a bien dit que : « Mme Babin m'a envoyé un message [...] » Ceci laisse penser que l'épouse du pasteur a joué un rôle dans le départ de sa belle-sœur. Mais quel rôle ? Laissons ici la servante poursuivre son témoignage :

> Je suis revenue à la maison le matin suivant vers sept heures ; le prisonnier et sa femme y étaient. Mme Babin m'a dit que Mary Babin était partie. Je lui ai demandé où. Elle m'a dit qu'un homme était venu pour elle. J'ai vu le prisonnier au petit déjeuner ; il était environ huit heures. Je pense qu'il était dans la maison quand je suis arrivée. Il m'a dit que Mary était partie.

Ce témoignage contredit la déposition que Jérémie Babin a faite au coroner Steacy, en juillet précédent, quand il a dit « avoir conduit Marie Aglaé en carriole à deux milles du village » pour ensuite la confier à un certain Moïse Ledoux. Or, l'épouse Babin a dit à sa servante « qu'un homme était venu pour elle. » La suite du témoignage de la servante est tout aussi incriminant pour le pasteur Babin :

> Le prisonnier avait un cheval. Les carrioles circulaient encore. J'ai vu sa carriole avant de partir. Un des brancards était cassé. Le jour suivant, c'étaient les deux brancards qui étaient cassés.

---

[73] *The Ottawa Citizen* (Ottawa), 24 janvier 1867.

C'est au tour de Devlin d'intervenir en contre-interrogatoire. Avant, il insiste sur le fait qu'il n'y a rien de plus naturel à ce que le prisonnier n'ait pas été disposé à exhiber les difformités de sa sœur. Puis il interroge à son tour la jeune servante qui change soudainement de ton :

> Le prisonnier me demandait d'aérer la chambre [de Marie Aglaé] tous les jours. Le haut de la maison comprenait quatre chambres et un passage. La victime avait accès à toutes ces pièces. Il y avait un feu fait exprès pour elle. Quelque temps après le départ de la victime de la maison, j'ai appris que le prisonnier et son épouse avaient été prévenus qu'elle était à Ottawa. Avant qu'elle ne quitte la maison, j'ai entendu dire qu'elle devait partir pour une pension de famille.

Devlin estime avoir démontré que Marie Aglaé Babin était bien traitée par son frère et les siens. Toutefois, Walsh revient à la charge et réussit à affaiblir les dernières déclarations de la servante en lui faisant dire qu'il n'y avait qu'un seul poêle dans la maison de Babin et qu'il était situé au rez-de-chaussée de la résidence. Il n'y avait donc pas d'appareil de chauffage dans la chambre de Marie Aglaé, qui n'était chauffée que par l'ascension naturelle de l'air chaud ; deux fournaises ou deux foyers chauffaient la maison[74].

Le témoignage de la servante étant achevé, Walsh fait appel au docteur Sauvé qui a pratiqué l'autopsie de la victime. Le médecin se contente de répéter ce qu'il a déclaré pendant l'enquête du coroner. Au cours du contre-interrogatoire, il affirme « qu'il y avait peut-être du poison dans l'estomac de la victime, mais que le cadavre laissait paraître que la femme avait été mise à l'eau alors qu'elle était vivante. » Ne manquant pas d'assurance, le médecin ajoute : « Le résultat de l'examen était que j'avais décidé que le décès était survenu par noyade. » On ne peut s'empêcher de sourire devant l'aplomb du médecin : « j'avais décidé… » !

Tout le monde est d'accord : Marie Aglaé est morte noyée. Et comme elle ne pouvait se rendre d'elle-même à la rivière, il fallait qu'elle y ait été

---

[74] L'actuel propriétaire de la maison, M. Mario Bastien, a trouvé des traces de deux cheminées dans la toiture, cheminées placées aux deux extrémités de la maison.

conduite. Mais où ? Derrière la maison du pasteur Babin ? Près d'un caisson ? Évidemment, Sauvé ne saurait répondre à cette question, puisque son rôle s'est limité à trouver la cause de la mort de la victime. Mais, une phrase du rapport d'autopsie du médecin contient un élément de réponse : « [...] la tête, et la partie supérieure du cou, bouche et yeux [de la victime], étaient couverts de sable. » Où y avait-il du sable dans la rivière du Lièvre ?

Le procureur de la couronne appelle à la barre des témoins John Osgoode Smith qui est un des rares voisins du pasteur Babin. Il explique que l'on a construit des caissons dans la rivière du Lièvre au cours de l'hiver 1865-1866, entre les chutes d'en haut et celles d'en bas[75], en aval du grand remous ou baie. Plusieurs chemins traversaient alors la grande baie (en amont des chutes d'en bas) et conduisaient aux caissons autour desquels l'eau était libre de glace sur une largeur d'environ un mètre. De plus, l'un des chemins qui traversait la baie était situé du côté ouest de la rivière du Lièvre et passait très près de la maison de Babin. Par ailleurs, un sentier partait de la maison du pasteur et menait à la baie.

Smith vient de dresser un portrait assez fidèle de la géographie de la rivière du Lièvre dans les environs du domicile de Babin (VOIR PLANS EN PAGE 52) et d'établir que le pasteur avait accès non seulement à cette partie de la rivière qui forme une baie, mais aussi à des chemins qui menaient aux caissons en construction. Toutefois, il n'est pas prêt à dire que Marie Aglaé a été noyée derrière la maison du pasteur, parce que le courant au-dessus des chutes d'en bas (Dufferin) est très fort :

> Le fond de l'eau, le long de la rive nord-ouest de la rivière, du côté de la maison du prisonnier, est rocheux. Un corps jeté dans le grand remous [baie] au printemps ne flotterait pas vers les caissons, je crois qu'il aurait été mis en pièces. La baie est un entrepôt du bois de sciage[76].

---

[75] Celles d'en bas s'appellent maintenant les chutes Dufferin.
[76] *The Ottawa Citizen*, op. cit.

John O. Smith termine son témoignage en précisant que la rivière des Outaouais s'est libérée de ses glaces le 19 avril. Le témoin suivant est William C. Kendall, mécanicien de machinerie. Il demeure à Buckingham depuis deux ans. Il a supervisé la construction des caissons dans la rivière du Lièvre pendant l'hiver de 1865-1866. Il n'hésite pas à affirmer que le 12 avril 1866, la rivière du Lièvre était encore couverte de glace. À l'aide d'un plan des lieux, il explique qu'un sentier partait de la maison du pasteur pour aboutir à la baie. Ce sentier était raccordé à un chemin servant au transport des pierres vers les caissons en construction. Un autre chemin, partant aussi de la maison du pasteur, passait à travers champs et conduisait à la baie. Il confirme le témoignage de Smith à savoir que l'eau était libre de glace autour des caissons sur une largeur d'environ un mètre.

Comme Kendall travaille sur l'Outaouais et ses affluents depuis 17 ans, il connaît bien les courants marins. Et, à la demande de Walsh, il s'efforce de décrire la rivière du Lièvre, à la hauteur du village de Buckingham:

> Le courant est fort aux chutes d'en haut qui ont 35 pieds [11 mètres] de hauteur. Ces chutes sont situées en amont de la baie. Le courant des chutes traverse la baie et vient battre les rochers, tourne et coule en rond vers la maison du prisonnier.

Il est aussi convaincu que la victime n'a pas été noyée dans la baie :

> Un corps jeté du côté ouest de la rivière en haut des chutes se serait dirigé vers le remous [baie]. Jeté du côté est, il aurait descendu la rivière. En glissant dans les chutes, un corps aurait pu être blessé [!], peut-être que non. Un corps jeté dans le remous [baie] y serait resté jusqu'au printemps[77].

Le témoin continue sa démonstration et conclut que, compte tenu du lieu où le corps de la victime a été trouvé, la noyade ne pouvait avoir eu lieu

---

[77] *The Ottawa Citizen, op. cit.*

qu'à un seul endroit possible : autour d'un caisson en construction. Et il ajoute deux points importants :

1. Que l'un des caissons en construction, soit le deuxième, repose sur un fond de sable.
2. Qu'il y avait une bille de bois de cèdre placée en travers du chemin conduisant aux caissons.

Il n'est donc pas étonnant que la tête de Marie Aglaé ait été recouverte de sable si elle avait été noyée à cet endroit, soit à moins de 500 mètres de la maison de son frère.

Le procureur de la couronne poursuit son interrogatoire : « Quel effet cette bille aurait pu avoir sur une carriole qui aurait passé par-dessus ? » Walsh pense évidemment au témoignage de la servante qui a dit que les deux brancards de la carriole de Babin étaient cassés le lendemain du départ de Marie Aglaé de la maison de son frère. « Objection, votre honneur ! », intervient Devlin qui estime que pour poser cette question, la bille de bois devrait faire partie... des pièces à conviction ! L'objection est rejetée. Kendall répond que la bille était aussi haute que son genou et qu'elle aurait pu endommager une carriole.

La journée s'achève et la fatigue commence à se faire sentir chez les différents acteurs du procès. Les fenêtres de la salle du tribunal se découpent sur une lumière glauque qui ne parvient pas à percer la pénombre. Des extrémités de la salle, on devine les contours vagues du juge d'un côté, et le grouillement de l'assistance de l'autre. Le juge Aimé Lafontaine suspend l'audience qui se poursuivra le lendemain matin ; le témoignage de Kendall est le dernier de cette première audience du procès de Babin. Aucun témoignage n'a permis de prouver la culpabilité du pasteur. Par contre, celui de Kendall permet de supposer que la victime a été noyée dans l'espace libre de glace entourant le caisson qui reposait sur un fond de sable. Car c'est bien de sable qu'était recouvert une partie du cadavre autopsié, a déclaré le docteur Sauvé. Et ce caisson était situé à environ « un quart de mille » (450 mètres) de la maison du pasteur.

Deuxième audience

Par delà les fenêtres du Palais de justice, le vent froid de janvier siffle entre les branches dénudées des arbres et soulève la neige qui recouvre le village depuis plus d'un mois. Le temps n'empêche cependant pas les curieux d'envahir le palais où le procès de Babin reprend à dix heures, le matin du jeudi 24 janvier. C'est le cocher, Jean-Baptiste Valiquette, cet homme qui a conduit Marie Aglaé et Joseph Babin à Buckingham en janvier 1866, qui témoigne. Il ne se souvient pas de la date du voyage, mais dit être parti d'Ottawa vers quinze heures, s'être arrêté à 6 milles (9,5 kilomètres) de Buckingham, chez un nommé Dubois, pour permettre à Marie Aglaé de se réchauffer parce qu'elle n'était pas vêtue assez chaudement, et d'être arrivé chez Jérémie Babin, en fin de soirée, entre vingt-deux et vingt-trois heures. Il ajoute que la victime avait apporté avec elle un petit fauteuil roulant, un encadrement de lit, un coffre en bois peint et un petit paquet ficelé. Enfin, il termine son témoignage en racontant comment Jérémie Babin les avait mal accueillis à sa résidence.

La déposition du cocher est suivie de celle du fossoyeur Jacques Daoust qui ne fait que répéter ce qu'il a dit à l'enquête du coroner en juillet précédent. Puis, vient le tour du marchand buckinois d'origine irlandaise, Robert D. Ackert, un catholique de 47 ans, conseiller au conseil municipal du village, qui déclare que la rivière était encore couverte de glace le 12 ou le 13 avril. Il ajoute que l'un de ces jours-là :

> [...] je suis parti du chemin principal, côté est, pour voir des traces d'une carriole sur la glace. Les traces étaient situées entre le pont et les caissons. La glace était mauvaise et j'ai pensé que les traces étaient celles laissées par une carriole qui s'était perdue. La nuit précédente, il avait neigé. Il y avait là un endroit où la glace était particulièrement mauvaise et je suis allé voir. Il n'y avait pas d'autres traces sur la glace ce matin-là. Les traces venaient de la rive ouest, en aval des caissons et en amont du pont. Elles se dirigeaient au-delà des caissons

vers la rive est, ensuite elles faisaient un cercle près du deuxième caisson, puis tournaient encore vers l'est, faisaient un cercle et sortaient au lieu appelé la côte de McNaughton[78].

Devlin fait objection au témoignage de Ackert en disant qu'il n'y a pas de lien entre les traces, dont parle le témoin, et le prisonnier. « On ne doit pas soupçonner le prisonnier tant que l'on a pas prouvé qu'il a été vu dans les parages des traces », ajoute-t-il. Walsh n'est évidemment pas d'accord avec le défenseur de Babin et affirme qu'il y a un lien entre les traces de patins et la carriole de Babin qui était sortie le soir du départ de Marie Aglaé. « Ces traces apparaissaient sur le chemin reliant sa maison aux caissons », tonne-t-il en ajoutant que c'est au deuxième caisson que l'on a trouvé le corps de la victime, caisson reposant sur un lit de sable. Le juge intervient en rejetant l'objection de Devlin, puisque que la preuve que tente d'établir le procureur de la couronne est circonstancielle. Ackert continue son témoignage en affirmant qu'il y avait un chemin, du côté ouest de la rivière, qui conduisait aux caissons.

Le témoin suivant est un certain John Fauner, un résident du village de Buckingham. Il dit se souvenir qu'un soir de la mi-avril 1865, il dormait chez monsieur McNaughton, dont la maison est située au sommet d'une côte, sur la rive est de la rivière du Lièvre, à un acre et demi (100 mètres) en amont du pont.

— Qu'avez-vous vu ? demande Thomas Walsh.

— Objection, s'écrie Bernard Devlin, parce que la date de la nuit passée par monsieur Fauner chez McNaughton ne peut pas être établie. Et le prisonnier est accusé d'un crime commis un certain jour. Le moment doit être précisé dans la question de M. Walsh.

— Objection rejetée, tranche le juge Lafontaine.

Fauner répond que ce soir-là, vers minuit, il a entendu des cris provenant de la rivière, comme des cris d'enfants. Les cris, ajoute-t-il, ressemblaient à ceux d'une personne en détresse. Fauner est loin d'être convaincant

[78] *The Ottawa Citizen* (Ottawa), 25 janvier 1867.

et on peut se demander pourquoi le procureur de la Couronne a tenu à le faire témoigner, d'autant plus qu'il affaiblit lui-même son témoignage en disant qu'il arrivait que des jeunes garçons patinent tard sur la glace. Devlin voit tout de suite la faille dans le témoignage de Fauner à qui il fait dire, en contre-interrogatoire, qu'il y a une patinoire à Buckingham de même qu'une pauvre folle à qui il arrive de crier sans raison.

Bernard Devlin est habile, plus habile que son opposant. Il réussit à semer le doute vis-à-vis de tous les témoignages ou presque présentés par la Couronne. L'avocat sent qu'il a le vent dans les voiles et sans doute en touche-t-il mot à Babin et à son épouse, qui est rongée par la crainte de voir son mari condamné à la peine de mort. Ses craintes sont-elles exagérées ? Sans doute.

Le témoignage de Fauner achevé, on appelle à la barre J. H. Johnson, qui réitère la déposition faite au coroner Steacy l'été précédent. Il ne porte pas Babin dans son cœur et, pendant le contre-interrogatoire, il n'hésite pas à dire à l'avocat de la défense qu'il a déjà traité Babin de menteur. En effet, il dit que pendant l'enquête du coroner, il a rencontré par hasard le pasteur au bureau de poste. Il l'a alors injurié pour avoir fait un faux témoignage sur la conversation que tous deux avaient eue à Burbank. On se rappellera que c'est là que le pasteur avait apparemment demandé à Johnson : « Ne serait-il pas mieux pour moi de me rendre aux autorités judiciaires ? » Le pasteur avait par la suite nié avoir fait cette déclaration.

Devlin ne pousse pas plus avant son contre-interrogatoire et la Cour appelle à la barre le révérend John Seaman, pasteur de North-Wakefield. Seaman dit penser se souvenir, sans pouvoir le jurer, que le pasteur de Buckingham lui a appris avoir confié sa sœur à un certain Ledoux le 3 avril. Puis, il rapporte la conversation, pour le moins étonnante, qu'il a eue avec Babin en juin 1866, peu après que l'identité de sa sœur eut été confirmée et que, désespéré, il lui eut déclaré : « Ma carrière est ruinée. Que puis-je faire ? »

— La seule chose à faire est de produire des preuves sur les circonstances [du départ de Marie Aglaé] qui satisferont vos concitoyens, ai-je répondu.

— Comment vais-je faire ? a répondu Babin.

— Avez-vous des preuves?

— Aucune, de dire le pasteur Babin.

C'est alors que Jérémie Babin lui aurait raconté comment il avait confié la garde de sa sœur à un homme répondant au nom de Ledoux, tenancier d'une pension de famille.

— N'as-tu rien à produire ? ai-je demandé.

— Ça ne vaut pas la peine. Le coquin a peut-être changé d'identité et donné un faux nom.

Ainsi donc, Jérémie Babin avait laissé entendre qu'il ne valait pas la peine d'entreprendre des recherches.

John Seaman continue son témoignage en racontant que son collègue de Buckingham lui a révélé avoir remis 50 dollars à Ledoux pour la pension de sa sœur, ce à quoi il a réagi en poursuivant son interrogatoire : « N'as-tu pas un reçu ? »

— Non, je n'en ai pas.

— As-tu obtenu une recommandation de son curé ou de quelqu'un d'autre avant de lui remettre ta sœur ?

— Oui, mais je ne l'ai pas conservée, a répliqué le pasteur Babin.

— Quel est le nom du prêtre ?

— Je ne m'en souviens plus, mais j'ai reçu une lettre dix ou douze jours après le départ de ma sœur.

— L'as-tu ?

— Non, je l'ai détruite[79] !

Un malaise flotte comme une nappe de brouillard dans la salle. L'assistance considère le pasteur Babin d'un œil nouveau, comme un homme aux comportements ambigus. Seaman quitte le prétoire alors que le charpentier Jérémie Lahaie, du village de Buckingham, prend sa place. Il dit avoir réparé les brancards de la carriole à patins de Babin. Les deux brancards n'étaient pas cassés à la même place, mais il n'a pas remarqué s'ils étaient

---

[79] *The Ottawa Citizen* (Ottawa), 25 janvier 1867 ; *The Ottawa Times* (Ottawa), 25 janvier 1866 ; *Le Canada* (Ottawa), 26 janvier 1867.

fraîchement rompus. Puis, Walsh appelle à la barre le coroner George William Steacy qui fait le résumé de son enquête et qui affirme enfin que compte tenu de l'endroit où le corps de la sœur du pasteur a été trouvé, il fallait qu'il ait été précipité à l'eau près du caisson.

Thomas J. Walsh en a terminé avec ses témoins. Son exercice n'a pas été convaincant : il n'a pu faire état d'aucune preuve évidente contre l'accusé, parce que la mort de Marie Aglaé est survenue en l'absence de témoins oculaires, parce qu'il est inexpérimenté, parce qu'il n'a peut-être pas intérêt à aller plus loin dans la recherche de la vérité – la famille Abbott est puissante et il le sait mieux que le commun des mortels. Quoi qu'il en soit, Walsh laisse l'impression de ne pas avoir accordé à ce dossier, volontairement ou non, toute l'importance qu'il aurait due. N'oublions toutefois pas le contexte : le procureur de la couronne du XIXᵉ siècle n'a pas de policiers-enquêteurs à son service.

Jérémie Babin a-t-il assassiné sa sœur ou non ? Walsh le prétend et c'est son rôle de l'affirmer. À n'en pas douter, les apparences jouent contre le pasteur, d'autant plus qu'il semble être le seul à avoir un mobile. Mais, objectivement parlant, il y a doute puisque les minces preuves apportées sont strictement circonstancielles et que des soupçons, aussi lourds soient-ils, ne constituent pas des preuves indiscutables. Les plus graves d'entre elles sont la répulsion du pasteur pour sa sœur, l'évincement de celle-ci de sa maison ainsi que l'apparente inexistence de Moïse Ledoux.

Le procureur de la couronne a cependant la population locale et le journaliste de l'*Ottawa Citizen* dans son camp. Et Dieu sait que plus d'un homme a été exécuté sur de seules preuves circonstancielles combinées à l'animosité de la population envers l'accusé. Trois ans plus tôt, dans cette même enceinte du Palais de justice d'Aylmer, un pauvre hère a été envoyé à la potence sur d'uniques preuves circonstancielles[80].

---

[80] François-Xavier Séguin dit Ladéroute.

VI

VAUDEVILLE AU TRIBUNAL

- - - - - - - - - -

C'est maintenant au tour des défenseurs de Jérémie Babin de prendre la parole, après un bref entretien qu'ils ont eu entre eux. John A. Perkins est le premier à parler ; c'est un homme qui a du culot, comme on va le voir. Les manches déployées comme les ailes d'un grand oiseau noir, il arpente le prétoire d'un pas ferme, sûr de lui. Il signale au juge que le procureur de la couronne n'a pas réussi à prouver le moindrement la culpabilité du pasteur Babin dans la mort de sa sœur. Aussi, estime-t-il qu'il est du devoir du juge d'ordonner au jury, rien de moins, l'acquittement du prisonnier et de mettre fin à cet inutile procès.

John Perkins retourne à son siège, sous les regards ronds des curieux qui emplissent la salle du tribunal, pendant que Bernard Devlin prend place au centre du prétoire. L'avocat montréalais est un as ; il n'a pas pris l'affaire Babin à la légère : non seulement a-t-il consciencieusement étudié le dossier de son client, mais il s'est aussi mis à la recherche de témoignages pouvant l'innocenter. D'entrée de jeu, il déclare que le procureur de la couronne n'a pas réussi à démontrer la culpabilité de Jérémie Babin dans la mort de sa sœur pas plus qu'il n'a suscité, au sens de la loi, un soupçon de

79

meurtre, si ténu soit-il, à l'encontre du pasteur : « Le prisonnier a été accusé de meurtre, et le procureur de la couronne a promis de prouver la culpabilité. Quand cette promesse a été faite, le procureur aurait dû être en mesure de la tenir, ce qu'il n'a pas fait », clame l'avocat.

Devlin ne met en doute ni la compétence ni l'habileté du procureur de la couronne dans cette cause − il est trop intelligent pour le faire −, mais dénonce seulement l'absence de preuves établissant la culpabilité de son client, précise-t-il. Évidemment, Thomas J. Walsh est en complet désaccord avec son confrère, dont il conteste les affirmations. En effet, il estime avoir suffisamment de preuves pour contraindre l'accusé à se défendre et les énumère :

- la victime vivait sous le toit de l'accusé ;
- la victime n'a pas quitté la maison de son frère seule ;
- la victime n'a pas quitté volontairement la maison de son frère ;
- le prisonnier et son épouse sont les seuls à avoir vu la victime partir de la maison ;
- le prisonnier a lui-même conduit la victime hors de la maison ;
- la victime a été trouvée dans la rivière non loin de la maison du prisonnier ;
- tous admettent que la victime a été assassinée.

Mises ensemble, ces données font bel et bien peser un lourd soupçon sur le rôle de Jérémie Babin dans la mort de sa sœur, d'autant plus qu'il est maintenant prouvé, hors de tout doute, qu'il ne voulait pas qu'elle vive chez lui. Walsh poursuit son intervention :

> Comment le prisonnier s'est-il débarrassé secrètement de la victime et si cela ne s'est pas fait dans le secret, qui étaient les témoins ? Il fallait qu'il fasse cela en secret parce que la fille a été plus tard trouvée près de sa maison, dans la rivière. Il n'y a là ni présomption ni soupçon [...] Le dernier endroit où la fille a été vue c'est dans la maison du prisonnier. [...] Quand elle a été vue la dernière fois vivante, dans la maison du prisonnier, elle était en train de se dévêtir pour aller au lit. Or, il est prouvé que le corps de la fille a été trouvé dans la rivière, près de la maison du prisonnier.

Je veux jouer franc jeu dans cette affaire ; je ne souhaite pas faire condamner un homme s'il est innocent, mais je crois que c'est au jury
de dire si le prisonnier est coupable ou non du meurtre de sa sœur.
C'était le devoir de l'accusé de venir s'expliquer au Tribunal. [...]
Enfin, il n'y a aucun doute que le jugement relève du jury et non de
la Cour[81].

Devlin se sent-il piqué ? Il répond avec fougue que les confrères de
l'accusé savaient parfaitement bien que la fille avait été remise à Ledoux.
« Et le prisonnier, ajoute-t-il, n'a pas attendu la défense pour établir le
fait. » Devlin poursuit :

Le révérend Seaman a montré, dans son témoignage, que le prisonnier avait remis sa sœur aux mains de Ledoux pour y vivre dans une
pension de famille. Son départ n'a jamais été nié [...] Rien ne prouve
que le prisonnier ait jeté la fille dans la rivière.

Il est parfaitement vrai que Babin a informé Seaman du départ de sa
sœur, mais seulement après que son cadavre eut été trouvé dans la rivière
du Lièvre. Cela n'empêche pas Bernard Devlin de chercher à obtenir un
non-lieu pour son client. Cependant, ses propos ne convainquent en rien
le juge qui refuse de mettre fin au procès, estimant qu'il y a suffisamment
de sérieux soupçons à l'encontre de l'accusé pour qu'il suive son cours. Ce
à quoi opine l'assemblée, avide du spectacle qui prendra bientôt l'air d'une
pièce de théâtre à rebondissements.

Un témoignage courtelinesque

La résistance physique de Jérémie Babin semble s'amenuiser. Son
visage, sans expression, porte des marques de fatigue. Le pasteur fait visi-
blement de gros efforts pour maîtriser ses émotions. Cet homme, qui a
brisé la norme de l'acceptable et du compréhensible, exerce une étonnante

---

[81] *The Ottawa Citizen* (Ottawa), 25 janvier 1867.

fascination sur la population. Chaque détail, chaque incident de son procès est lu et commenté avec avidité. Sur lui se fixent les fantasmes, l'attrait pour le mystérieux, l'anormal, le monstrueux. Aussi, n'est-il pas étonnant que les larmes que l'épouse du pasteur essuie sans cesse en épongeant délicatement ses yeux rougis suscitent de la compassion.

La balance de dame justice oscille. Penchera-t-elle du côté de la culpabilité ou de celui de l'innocence ? Aveugle, son choix n'est pas fait d'avance – du moins affecte-t-on de le croire –, bien qu'elle ait un préjugé favorable à l'égard des gens du monde, des notables ; Devlin n'est pas sans le savoir. Toujours est-il que le défenseur du pasteur va maintenant s'employer à faire innocenter son client en mettant tout son poids de tribun dans la balance. Il est fin prêt à démonter, l'un après l'autre, les ressorts du mécanisme que le procureur de la couronne actionne, bien timidement d'ailleurs, depuis le début du procès.

Dans un premier temps, le populaire criminaliste montréalais appelle à la barre des témoins Stephen Pierce, l'ami indéfectible de Jérémie Babin. Celui-ci déclare à la Cour que le pasteur lui a confié s'être rendu à Ottawa, en février 1866, où il avait logé à l'hôtel Mathews, rue Rideau, pour s'informer du coût d'hébergement éventuel de sa sœur dans une pension de famille. Le témoin ajoute avoir reçu plusieurs lettres de Jérémie Babin depuis son incarcération à la prison d'Aylmer, dont une qu'il a apportée avec lui, datée du 11 août, et dans laquelle l'accusé lui demande s'il a le temps de faire des recherches au presbytère pour trouver une lettre que Ledoux lui aurait adressée. Pierce poursuit son témoignage, les observateurs suspendus à ses lèvres :

> Le dimanche 19 août, au retour de l'église en compagnie de la tante de mon épouse, de la sœur de mon épouse et de ma petite fille de quatre ans, et du révérend Dr Strong à qui j'ai demandé la permission de chercher [la lettre] dans le presbytère, j'ai regardé autour des portes, sous les fenêtres de l'étude de M. Babin et j'ai trouvé plusieurs fragments de papier – les fragments que j'ai ici je les tiens pour étant partie d'une lettre que j'ai apportée à M. Babin il y a un mois.

Walsh fixe Pierce d'un regard inquisiteur. La salle est tout ouïe aux propos du témoin. Va-t-il apporter des faits nouveaux dans cette affaire qui tient en haleine tout le pays et la hiérarchie ecclésiastique anglicane depuis six mois ? Devlin, sachant qu'il s'apprête à semer le doute dans l'esprit des membres du jury, reste calme et écoute patiemment Pierce poursuivre son étonnante déposition :

> Nous étions prêts à tout laisser tomber quand ma petite fille a ramassé un fragment de papier sur lequel il était écrit : « Ottawa, Avril 18[82]. »

La salle retient son souffle, attendant silencieusement d'apprendre ce que la lettre contient. Les imaginations vagabondent pendant un bref instant, chacun dressant pour lui un scénario qui étonnerait sans doute son voisin.

Avocats, juge, spectateurs et témoins ne sont pas au bout de leurs surprises. En effet, l'écrivain humoriste Georges Courteline lui-même n'aurait pas dédaigné reprendre à son compte le témoignage de Pierce qui ajoute :

> Je n'ai pas avec moi ces fragments. Ils ont été en ma possession jusqu'à la semaine dernière, période où ma maison a brûlé ! Je les avais mis en ordre entre des pièces de verre et placés soigneusement sur le dessus de ma bibliothèque. J'ai fait, de mémoire, une copie de ces morceaux.

On se croirait au théâtre ou encore dans un roman à rebondissements tant le témoignage de Stephen Pierce laisse pantois. Dans la salle, plus d'un ne sait de quelle façon réagir : rire ou huer ? Walsh se lève, comme mû par un ressort :

> Avant que la perte du document soit prouvée, son existence doit être démontrée et il doit faire référence à la sœur de l'accusé ou à sa mort. La source de cette lettre doit aussi être prouvée.

---

[82] Il semble bien que la forme anglaise de la date soit une erreur commise par les journaux canadiens-anglais du temps.

Pierce répond qu'à son avis ces fragments de papier faisaient partie d'une lettre de Moïse Ledoux :

> Quand j'ai trouvé ces fragments, j'ai écrit à M. Babin pour lui demander de prouver son origine et me dire ce qu'elle contenait. Je ne connaissais pas l'écriture de Ledoux, mais je croyais, à partir de circonstances ultérieures, que c'était la sienne qui apparaissait sur les fragments. M. Babin m'a décrit la lettre de Ledoux et ceci correspondait tellement avec les fragments de papier trouvés qu'il n'y avait aucun doute dans mon esprit qu'ils faisaient partie de la lettre de Ledoux. J'ai une copie de la lettre que j'ai envoyée à M. Babin et sa réponse[83].

Devlin propose alors de montrer les étapes suivies par le prisonnier pour s'assurer que les fragments de lettre trouvés venaient de celle écrite par Ledoux. Le procureur de la couronne s'objecte à la lecture des deux lettres, alors que le juge Aimé Lafontaine en prend connaissance pour ensuite décider qu'elles ne doivent pas être présentées au jury. Devlin réplique en affirmant : « Je vais prouver qu'une personne nommée Moïse Ledoux était à Ottawa vers le 13 avril dernier ! »

Dix-sept heures sonnent. Le procès est ajourné au lendemain au grand soulagement du prisonnier qui montre des signes d'une évidente fatigue même s'il contrôle admirablement bien ses émotions et ses gestes. Nerveux, il l'est sans doute, mais ne le montre pas. Demain, son avenir devrait se jouer, à moins que les jeux ne soient déjà faits…

---

[83] *The Ottawa Citizen* (Ottawa), 26 janvier 1867.

8- L'avocat d'origine irlandaise Bernard Devlin
(1805-1880) était un fameux tribun.

Troisième audience

Dix heures, le vendredi 25 janvier. Le juge Lafontaine fait son entrée
dans la salle du tribunal pleine à craquer de curieux venus non seulement
d'Aylmer, mais aussi de la localité du crime, Buckingham, et de la capitale,
Ottawa. Ces curieux, en majorité des membres de la bonne société, ont
envahi les hôtels du village, au grand plaisir des propriétaires qui admettent faire d'excellentes affaires au beau milieu de l'hiver canadien, ce qui
est exceptionnel, compte tenu de la basse température habituelle du mois
de janvier. Le procès est le sujet de toutes les conversations ; on le com-
mente tout autant dans la rue que dans les tavernes et dans les restaurants.
Chacun y va de son opinion, généralement peu favorable au pasteur Babin.
Le balcon de la salle du tribunal compte en majorité des observatrices.
Depuis le début de l'affaire, elles ont manifesté beaucoup d'intérêt à l'égard
du procès, fascinées par le sombre caractère de Jérémie Babin et la peine
manifeste de sa femme. Mais aujourd'hui, si la salle et ses abords sont bondés

de curieux, c'est que la plupart des observateurs viennent y entendre Bernard Devlin, dont la réputation de plaideur n'est plus à faire au Canada. On en est convaincu, le procès se terminera aujourd'hui avec les plaidoiries des deux hommes de loi montréalais.

Bernard Devlin estime que, pour innocenter son client, il lui suffira de démontrer l'existence du tenancier de la maison de chambre ottavienne, Moïse Ledoux, et ce, d'une manière suffisamment convaincante pour que le jury y ajoute foi. C'est dans cette optique qu'il fait comparaître deux témoins qui ébranleront les convictions du jury et de plusieurs observateurs.

– LE CRIME DU PASTEUR LINDSLEY –

Le Rév. Joel Lindsley, comme le Rév. M. Babin, a subi un procès pour meurtre, mais il a été moins fortuné que l'ecclésiastique canadien. Lindsley, qui a subi son procès à Albion, N.Y., a été accusé d'avoir fouetté à mort son fils et le jury l'a trouvé coupable d'homicide ; il a été condamné à quatre ans et demi d'emprisonnement dans la prison d'État. Un frisson d'horreur a parcouru la cour quand les médecins ont témoigné de l'état dans lequel ils avaient vu le corps de l'enfant après que celui-ci eut été mis en bière. Un témoin a juré que le garçonnet avait reçu plusieurs centaines de coups ; que le corps était couvert de marques bleues et noires ; que la peau était déchirée en plusieurs endroits, les ongles des doigts et des orteils mis en lambeaux et que même la peau de l'envers des mains pendait. Lindsley a admis avoir battu l'enfant…

The Ottawa Citizen (Ottawa), 6 février 1867. Traduction libre.

L'avocat d'origine irlandaise appelle à la barre dame Jolicœur, dont le témoignage fait l'effet d'un coup de tonnerre dans un ciel d'hiver ensoleillé. Épouse de Michel Jolicœur, celle-ci habite à Ottawa, rue Saint-André[84], et prétend avoir bien connu Moïse Ledoux qui vivait, lui aussi, dans la même rue. Selon elle, Ledoux était un homme de chantier au caractère mauvais qui maltraitait sa famille, un bon à rien, un fainéant :

> J'ai entendu dire qu'il tenait une pension de famille aux *Flats*. Je l'ai vu en avril dernier pour la dernière fois. Il a disparu d'Ottawa l'hiver dernier. Il avait deux amis : Potvin et Gérard. Le premier a vécu chez moi. Je ne sais pas pourquoi Ledoux a quitté Ottawa. Potvin est aussi parti[85].

Le procureur de la couronne est loin d'être convaincu par le témoignage de la femme de la rue Saint-André ; il entreprend de la contre-interroger. Après avoir admis que les *Flats* sont bien loin de la basse-ville – il y a environ 3,5 kilomètres entre les deux emplacements –, elle affirme « ne pas savoir si Ledoux vit encore à Ottawa. » En conclusion, elle jure ne rien connaître du meurtre de Marie Aglaé Babin et de la participation de Ledoux ou de Potvin au crime.

Le témoignage de dame Jolicœur n'est pas des plus persuasifs – on aurait dit qu'elle récitait une leçon apprise par cœur –, et Devlin le sait bien. C'est pourquoi il produit un autre témoin, et celui-là est de taille : Magloire Bérichon. Policier résidant à Ottawa depuis 22 ou 23 ans, Bérichon habite lui aussi rue Saint-André, tout près de chez dame Jolicœur. C'est à la demande de O'Neil, engagé par Pierce, qu'il a recherché Ledoux. Il dit avoir fait la connaissance de Moïse Ledoux en 1865, au mois de juin, et de l'avoir vu deux ou trois autres fois par la suite. Il avait alors procédé à l'arrestation d'un certain Potvin à la demande de madame Jolicœur et comme celui-ci n'avait pas « d'argent pour payer », Ledoux avait demandé aux autorités de lui accorder le temps de le faire. Cependant, souligne-t-il : « Je ne l'ai pas vu à Ottawa l'an dernier. » Or, c'est précisément cette année-là que Marie Aglaé Babin a été assassinée.

---

[84] Serait-ce Anathalie Paquette dont le mari meurt à Ottawa en 1920 à l'âge de 85 ans ? Le nom véritable de la rue Saint-André est St. Andrew, mais les francophones ont toujours francisé l'odonyme au temps où ils étaient majoritaires dans la basse-ville.
[85] *The Ottawa Citizen, op. cit.*

Ainsi donc, l'existence de Ledoux se trouve apparemment prouvée, bien que le personnage reste toujours insaisissable. Pourtant, rien n'indique encore que ce Ledoux était à Ottawa en avril 1866 et qu'il était propriétaire d'une pension de famille aux *Flats*. Cela n'empêche pas Devlin de déplacer lentement, mais sûrement, la responsabilité de la mort de Marie Aglaé Babin sur les épaules du prétendu tenancier d'une pension de famille, et ce, sur la base de l'accusation d'une seule personne : le pasteur Jérémie Babin.

Devlin rappelle à la barre Stephen Pierce, à qui il demande d'expliquer en détail la façon dont il a trouvé des fragments de lettres, dont celle supposément écrite par Moïse Ledoux. Pierce reprend son témoignage de la veille et ajoute :

> Pendant la recherche [de la lettre de Ledoux] j'ai trouvé des fragments d'une lettre d'un monsieur de Saint-Jean, M. Pinsonnault, fragments faisant partie d'une lettre que j'ai apportée au prisonnier. Au moment où nous étions prêts à cesser les recherches, ma petite fille, âgée de quatre ans, a trouvé un fragment de papier qu'elle m'a remis en courant. Curieusement, sur ce fragment était écrit le mot « Ottawa », ce qui nous a poussés à continuer les recherches.

Ces recherches auraient permis à Pierce et ses amis de trouver une douzaine de fragments d'une lettre écrite par Ledoux. Notons que personne ne pose de question sur ce Pinsonnault dont le témoin a mentionné le nom[86]. Pierce poursuit sa déposition avec quelques redondances :

> Le Dr Strong et d'autres personnes étaient avec moi quand on a trouvé des fragments d'une lettre écrite en français [...] Je m'apprêtais à cesser la recherche quand ma petite fille m'a remis un fragment de papier sur lequel était écrit « Ottawa, 18 avril ». Ces fragments étaient très secs ; le chiffre 8 était coupé en deux. J'ai montré les morceaux au Dr Strong qui m'a dit qu'ils étaient très importants[87].

---

[86] La mère de Babin était une Pinsonnault.
[87] *The Ottawa Citizen, op. cit.*

Walsh n'est pas content. Il exige que ces fragments de papier soient déposés avant d'être admis en preuve. Cela est impossible puisqu'ils ont brûlé avec la maison du témoin la semaine précédente. Le juge rejette l'objection du procureur de la Couronne et permet à Pierce de continuer son témoignage : « J'ai trouvé d'autres fragments du même papier. »

— Quel papier ? demande Walsh. J'ai le droit de voir ce papier déposé devant la Cour.

Le juge ne donne pas suite aux propos de Walsh. Le témoin poursuit sa déposition et affirme qu'il peut, de mémoire, mentionner les mots écrits sur les fragments de lettres. Walsh revient à la charge et demande : « Le témoin peut-il dire à quelle lettre appartenaient ces fragments de papier et à qui correspond l'écriture y apparaissant ? » S'ensuit alors un débat entre les différents avocats sur l'admissibilité en preuve du témoignage de Pierce à l'égard des fragments de papier. Le juge donne raison à Walsh. En dernière analyse, Devlin admet qu'il ne peut prouver l'identité de Moïse Ledoux et démontrer s'il savait écrire. Toutefois, poursuit l'avocat de la défense : « Les fragments de la lettre trouvés par M. Pierce contiennent suffisamment de mots pour croire qu'ils viennent d'une lettre écrite par Ledoux. » Et Pierce de réciter les mots écrits sur les fragments trouvés : « arriv', elle, acc, etc. »

Dans la salle, l'assistance, d'abord surprise, est sceptique. Fin psychologue, Devlin ne laisse à personne le temps de respirer, de réfléchir : il s'empresse de lire des extraits des lettres échangées entre Babin et Pierce au cours de l'été 1866. Étrangement, le juge Lafontaine laisse faire ce qu'il a interdit à la deuxième audience. Pourquoi ? A-t-il fait l'objet de pressions ou reçu des ordres ? Plus étrange encore, Walsh ne fait pas objection à la lecture des lettres. Il ne demande même pas comment il se fait que les lettres écrites par Babin, et adressées à Pierce, sont en possession du témoin alors que celui-ci a déclaré que sa maison avait brûlé avec les fragments de la prétendue lettre de Ledoux. Comment ces lettres ont-elles échappé à l'incendie ? Soulignons toutefois que les minutes du procès ont été consumées dans le Grand feu de Hull, en 1900, et que les propos qui y ont été tenus ne nous sont rapportés que par les journaux de l'époque. Quand même, aucun journal ne laisse entendre que Walsh s'est alors opposé à la lecture des lettres.

La première lettre porte la date du 11 août 1866, et elle aurait été rédigée par le pasteur Babin dans sa prison d'Aylmer :

> J'avais l'intention de me rendre à Buckingham, mais comme je ne sais pas quand je pourrai y aller, vous aurez peut-être le temps de faire ce que je voulais faire moi-même. C'est de faire une autre bonne recherche, au presbytère, sur le message de Ledoux. Le révérend Morris m'a dit, l'autre jour : « Si tu avais ça, tu ne serais pas ici aujourd'hui. » Il a vraisemblablement été brûlé ; néanmoins, il m'arrivait de déchirer en pièces un morceau de papier pour ensuite le jeter dehors. C'est peut-être ce que j'ai fait avec ce message. Vous pourriez possiblement en (trouver) quelques fragments, suffisamment pour l'identifier. Souvenez-vous qu'il était écrit en français. Regardez plus particulièrement dans les environs de la porte avant et des fenêtres de mon étude, par lesquelles je jetais souvent des morceaux de papier. Vous vous souvenez quand vous aviez ramassé un fragment en ma présence. La lettre aurait été signée par Ledoux lui-même.
>
> Vous pourriez aussi regarder dans les livres que vous m'avez achetés. Quand j'irai à St. Andrews, je déballerai mes livres et ferai une autre recherche pour cette importante lettre si elle est signée de ce nom[88].

Gardons en mémoire que si la lettre a été déchirée en morceaux, cela a été fait dans le deuxième tiers du mois d'avril 1866, soit près de quatre mois avant sa découverte. Pendant combien de temps, l'encre d'un papier exposé aux intempéries peut-elle restée lisible, sachant qu'à cette époque il n'y a ni rayons infrarouge ou ultraviolet pour faire apparaître des traits de plume effacés par le temps ?

Devlin lit des extraits d'une deuxième lettre, celle-là adressée au prisonnier par Stephen Pierce le 20 août 1866 :

---

[88] *The Montreal Herald* (Montréal), 28 janvier 1867.

Hier, j'ai eu l'occasion pour la première fois de chercher à l'extérieur des fenêtres de votre bibliothèque pour les débris de ce message. J'ai fait ça au retour du service divin du matin. J'étais accompagné d'Aimé Bourne, mademoiselle Thorthwaite *(sic)*, le Dr Strong et ma petite fille Amy (celle qui est sourde), j'ai trouvé plusieurs fragments d'une lettre écrite en français, lettre que j'ai identifiée comme provenant de Rachel *(sic)* Pinsonneault[89] de St-Jean que je vous ai apportée. Pendant que je cherchais, ma jeune fille a ramassé un morceau de papier qu'elle m'a remis et sur lequel il était écrit : Ottawa, 18 avril – son bord déchiré coupant le huit en deux. Il avait évidemment été exposé aux éléments plus longtemps que la lettre de Rachel *(sic)* et ceci m'a permis d'espérer. J'ai cherché minutieusement dans l'herbe et j'ai trouvé plusieurs autres fragments du même papier et sur certains desquels des lettres et des mots étaient apparents. Mais on ne peut en tirer grand-chose, mais peut-être suffisamment pour reconnaître l'écriture de personnes, soit celle de Ledoux ou de la personne qui a écrit pour lui. Je les ai précieusement placés [?] et je les conserverai jalousement. Entre-temps, je souhaite que vous fassiez appel à votre mémoire pour vous rappeler le mieux possible le libellé du message que vous avez reçu de Ledoux – l'apparence de l'écriture, soit celle de Ledoux ou de la personne qui a écrit, la couleur du papier et s'il était épais ou mince. Bref, essayez de me transmettre, par écrit, vos souvenirs sur ce à quoi ressemblait la lettre. Écrivez cette lettre en français, et puis laissez-moi m'évertuer à faire le lien entre les morceaux que j'ai. Une chose est sûre, ce sont les fragments d'une lettre datée d'Ottawa, 18 avril dont l'année n'apparaît pas et écrite par un Français. Je prévois faire tondre l'herbe rase et continuer la chasse à d'autres fragments. Si cela montre que c'est un indice permettant d'identifier un criminel, le doigt du Tout-Puissant se sera alors exprimé très clairement. Qu'une enfant ait ramassé et m'ait remis le fragment portant la date sans lequel je n'aurais peut-être rien compris du reste, l'endroit où vous avez déchiré les morceaux de papier laissant une si grande partie de la date intacte, les différents courants du vent et de la pluie auxquels ils ont été exposés, tout cela hors du pouvoir d'influence de l'Homme, mais formant les maillons nécessaires d'une chaîne qui, s'ils valent quelque chose, ils

---

[89] Il doit s'agir de Raphaël Pinsonnault, un cousin maternel.

valent tout pour vous. Que ces choses aient été possibles suscitent l'émerveillement et le respect[90].

La lecture de cette lettre ne peut faire autrement qu'étonner et même subjuguer tant le jury que l'assistance figés dans une attente muette. En effet, ces gens sont tous croyants ou presque et l'intervention de la Providence ne saurait être remise en question. Pourtant, un individu plus perspicace aurait pu se demander, à tout hasard, si quelqu'un n'avait pas mis là des morceaux de papier, préparés à dessein, juste avant qu'on en fasse la découverte... Quoi qu'il en soit, l'avocat de la défense vient de marquer un point important et peut d'ores et déjà espérer l'acquittement de son client.

Devlin ne s'arrête pas en si bon chemin, d'autant plus qu'il a encore plusieurs autres extraits de correspondance dans ses dossiers. Il lit maintenant ceux d'une lettre du 22 août 1866 adressée à Stephen Pierce par le prisonnier :

> Cependant, ma mémoire ne m'aide pas tellement, comme vous le savez. Mais je vais vous en dire autant que je le peux sur ce message. Son écriture à la main est grossière, comme celle d'un enfant. Je ne me rappelle pas de la couleur du papier en ce moment ; je pense qu'il était plutôt mince et, si je me souviens bien, il était ligné. La lettre était écrite en mauvais français et elle disait, en substance, qu'ils avaient atteint Ottawa en sécurité et que ma sœur était satisfaite de sa nouvelle demeure. Les mots « sans accidents » près du début, et « serviteur » vers la fin, apparaissent dans la lettre, j'en suis assez certain. C'est le plus dont je peux me souvenir. Cela pourra sans doute vous permettre de les mettre ensemble et de rétablir son contenu. Maintenant, si je pouvais aller moi-même à Ottawa pour y trouver plus de preuves, Ledoux pourrait être possiblement filé[91].

Comment cette lettre a-t-elle pu échapper à l'incendie de la maison de Pierce ? Aucun article de journal ne répond à cette question. Quoi qu'il

---

[90] *The Montreal Herald, op. cit.*
[91] *The Montreal Herald, op. cit.*

en soit, elle est suivie d'une réponse de Pierce au prisonnier, lettre apparemment écrite le 23 août 1866 :

> J'ai été très content de recevoir la vôtre d'hier. L'aide que vous m'avez accordée à établir la formulation du message est très négligeable. Mais nous avons trouvé les lettres « acc » qui font probablement partie du mot « accidents ». Il y a aussi le mot « rrive » qui signifie, je dirais, « arrivé ». Il y a d'autres fragments [...] Le papier est mince et l'écriture est comme vous la décrivez, grossière, comme celle d'un écolier [...][92]

Nul ne demande comment une lettre expédiée le 22 août a reçu une réponse dès le lendemain. La poste, entre Aylmer et Buckingham, était-elle si rapide en 1866 ? Un ami ou un messager a-t-il porté la lettre à son destinataire ? Aucun document ne permet de répondre à ces questions. L'avocat continue sa lecture, car il sait pertinemment bien que les extraits de lettres auront une influence sur la décision du jury. Il sort maintenant un extrait d'une missive de Babin à Stephen Pierce, lettre datée du 24 août 1866 qui aurait croisé la lettre précédente :

> J'ai beaucoup réfléchi à la lettre de Ledoux et, pour autant que je puisse me souvenir, elle disait : « Cher Mons, Nous sommes arrivee (sic) sans accident. Votre sœurs (sic) est en bonne santé, elle aime la place et est contante (sic) nous terminons en vous faisant de nos amities (sic). Votre tres (sic) humble et tres (sic) Devoue (sic) serviteur. Moise Ledoux[93]. »

> Je ne prétends pas que c'est l'exacte formulation du message, mais cela peut vous aider à établir son contenu. Je sais qu'elle a été écrite à Ottawa en avril bien que je ne me souvienne pas de la date. Je ne doute pas que ce que vous avez trouvé près du presbytère sont des fragments d'un message identique. Mais vous devez m'en dire plus pour que je puisse rafraîchir ma mémoire[94].

---

[92] *The Montreal Herald, op. cit.*
[93] En français dans le journal, *op. cit.*
[94] *The Montreal Herald, op. cit.*

Pour un homme dont la mémoire était défaillante quand il s'agissait de révéler la date du départ de sa sœur ou de nommer le prêtre qui aurait donné un certificat de bonne conduite à Ledoux, on peut se demander comment il fait pour se rappeler aussi exactement les termes de la supposée missive de Ledoux.

En dépit de ce que Babin a écrit dans la lettre du 22 août, la qualité du français écrit dans la prétendue lettre de Ledoux ne semble pas aussi mauvaise qu'il l'a laissé entendre. Et s'il manque de nombreux accents, cela est vraisemblablement dû au journal qui en a reproduit les extraits, car les typographes anglophones n'ont pas la réputation d'être habiles dans la reproduction de caractères des langues qu'ils ne parlent pas.

Enfin, Devlin produit un dernier extrait d'une lettre de Pierce au prisonnier, celle-là datée du 26 août 1866 :

Cher M. Babin.

J'ai reçu la vôtre du 24 hier soir. Je suis heureux que la mienne du même jour ait croisé la vôtre et que vous n'ayez pas reçu copie des listes de cette lettre avant que vous écriviez vos souvenirs concernant la formulation. La comparaison de ce que vous avez écrit avec des fragments, ne laisse aucun doute qu'ils sont bien ce qui reste de la lettre de Ledoux[95].

Devlin est convaincu d'avoir marqué des points et que Walsh aura fort à faire, dans sa plaidoirie, pour renverser la vapeur. La lecture des lettres achevée, il demande au juge de permettre au témoin Pierce de donner de plus amples détails aux membres du jury sur les fragments de papier trouvés. Comme un bouchon, Walsh s'éjecte de son siège et fait objection à la demande de son vis-à-vis. Il dit :

C'est à la Cour de déterminer si la preuve est suffisante, d'établir l'origine des fragments en cause, leur auteur et l'identification de la graphie. Sinon, ils ne sont pas admissibles.

---

[95] *The Montreal Herald, op. cit.*

Le juge Lafontaine retient l'objection de Walsh et rejette la requête de la défense. Devlin n'a toutefois pas fini de démonter les rouages de l'accusation. Il demande maintenant à l'ancienne servante de son client de venir témoigner. Mary Ann Carson surprend tout le monde en affirmant :

> Mme Babin m'a dit que l'on avait reçu une lettre de la personne qui avait pris avec elle Mary Babin ; c'était quelques jours après son départ. Je savais, avant qu'elle ne quitte la maison, qu'on devait l'envoyer dans une pension de famille. Ce n'était pas un secret[96].

« Ce n'était pas un secret. » Néanmoins, le soir de sa disparition, Marie Aglaé ne savait pas qu'elle partait, qu'elle quittait la maison de son frère, puisqu'elle s'était dévêtue pour se mettre au lit. La déposition de la servante ne peut qu'étonner, d'autant plus qu'elle n'a jamais parlé de ces faits au moment de l'enquête du coroner. Dit-elle la vérité ou modifie-t-elle son témoignage à la suite de pressions indues ? Une bonne façon de le savoir serait de faire témoigner Elisabeth Bayley Abbott, l'épouse du pasteur. Mais voilà, une femme n'est pas tenue de témoigner au procès de son mari.

Puis, témoignent tour à tour deux autres Buckinois : Joseph Labelle et W. C. Kendall. Le premier déclare avoir vu un jour la carriole de Jérémie Babin conduite par son frère, Jos Babin. Effrayé, le cheval avait reculé brusquement et cassé un des brancards de la voiture. Le second affirme avoir été en compagnie de Pierce quand la fille de ce dernier a trouvé un fragment de la supposée lettre de Moïse Ledoux.

Le procès tire à sa fin et les membres du jury sont de plus en plus ébranlés par les dépositions des témoins de la défense et, surtout, par la lecture de la correspondance échangée entre Babin et Pierce. Devlin semble bien avoir semé le doute dans l'esprit de plusieurs jurés, et il n'en a pas encore terminé. Il appelle à la barre des témoins un certain professeur Roux, enseignant à Bishop's College, qui connaît Jérémie Babin depuis 1859 ou 1860 :

---

[96] *The Ottawa Citizen, op. cit.*

Quand il [Babin] était à Montréal, je l'ai vu fréquemment ; il était très estimé. Je sais que sa mère est morte il y a plusieurs années en laissant une famille nombreuse. Le prisonnier était le plus vieux, environ 21 ans. Son père s'est remarié environ un an après la mort de son épouse[97] puis il est parti pour les États-Unis. Le prisonnier était le père, le gardien et l'ami de la famille. Quand il fréquentait le collège, il recevait 3o£ par année et, pendant les vacances, il faisait tout son possible pour gagner de l'argent, pour ajouter aux 3o£ afin de mieux faire vivre les siens.

Il n'y a plus de mouches en cette frileuse saison, autrement on les entendrait voler dans la salle du tribunal. Les observateurs, suspendus aux lèvres du professeur dont le témoignage n'est pas terminé, ont les yeux fixés sur lui :

En février ou mars dernier, Job Babin[98] [...] m'a montré une lettre du prisonnier dans laquelle il parlait de sa sœur. Pour autant que je puisse me rappeler les mots, ils disaient que le prisonnier était prêt à donner 100 dollars, qu'un autre frère était prêt à faire la même chose et exprimaient le vœu que Job se joindrait à eux pour réunir une somme qui permettrait de loger confortablement leur sœur pour la vie.

Job a-t-il accepté de contribuer à l'entretien de sa sœur ? Les journaux n'en font pas mention. Qui est l'autre frère qui a accepté de s'associer à Jérémie ? Sans doute Jean Osias, lequel a 24 ans au moment des faits. Quoi qu'il en soit, le professeur n'hésite pas à faire savoir que le prisonnier était un père pour Marie Aglaé :

-----

[97] En 1860, Jérémie Babin, père, apparaît au recensement de Kankakee, Illinois, avec un fils, Francis, âgé de 13 ans. Le recensement n'y mentionne pas une épouse. Dix ans plus tard, Babin vit toujours au même endroit. Cette fois, on le dit marié à une certaine Caroline. Son fils Job vit avec lui et deux autres enfants Babin répondant aux noms d'Ida (8 ans) et de Walter (5 ans). Trois autres enfants vivent avec le couple et portent le patronyme de Lepage. Le plus âgé a 18 ans. Ces derniers sont les enfants de Caroline que Jérémie a épousée le 31 janvier 1870 à Kankakee. Quant à Ida et Walter, ils sont vraisemblablement les enfants d'un précédent mariage, celui-là non trouvé, de Jérémie, mais signalé par le professeur dans son témoignage.

[98] Notons que tous les journaux qui ont rapporté le procès confondaient souvent les frères Job et Joseph Babin.

Mary Babin a vécu dans une pension de famille depuis la mort de sa mère. Ses vêtements, les honoraires de médecin, etc. étaient payés par le prisonnier. J'ai toujours connu le prisonnier comme un bon frère et d'une conduite irréprochable. Ma confiance en lui est iné-branlable[99].

Un fait apparemment indéniable : la générosité de Jérémie Babin. D'ailleurs, ce trait de caractère transparaît dans son écriture. La grapho-analyste, Jacqueline Lussier, a noté : « […] une générosité exagérée de son temps, de son aide ou de ses biens, même s'il n'en avait pas les moyens réels. » Cette générosité était toutefois tempérée par un esprit calculateur : le pasteur s'attendait à ce que sa prodigalité lui soit profitable[100] !

Un certain Roy, une demoiselle Jane Thornthwaite, de même que le révérend Nesbitt, qui a étudié avec le prisonnier à Lennoxville, viennent confirmer la déposition du professeur Roux. Thornthwaite dit avoir connu le prisonnier vers 1852, à la mission de Saint-Jean, quand il a commencé l'école, et rencontré une fois Marie Aglaé, à la pension de famille de madame Gavin[101]. Il aurait été intéressant d'obtenir les témoignages des frères Babin, Job et Joseph. Auraient-ils corroboré les affirmations du trio Lennoxvil-lois ? Et pourquoi diable n'étaient-ils pas au procès ?

Enfin, le révérend Strong vient apporter sa contribution à la démons-tration de l'existence de Moïse Ledoux :

> Quand l'affaire a éclaté, je me suis intéressé à cet homme nommé Ledoux. J'ai vu, dans les livres de M. John Durie, que le 2 avril, il [Ledoux] a payé un compte dans son magasin[102].

Ledoux était donc à Ottawa au printemps de 1866, du moins selon le livre de comptes du marchand John Durie… qui n'est pas déposé ! Le marchand

---

[99] *The Ottawa Times* (Ottawa), 26 janvier 1867.
[100] Rapport *op. cit.* et conversation de l'auteur avec Mme Lussier le 3 mars 2005.
[101] Lucy Gavin, enseignante d'origine américaine et veuve du fondateur de la mission de Sabrevois, vivait au village de Saint-Jean en 1861 avec sa fille Catherine et deux adolescents : Éliza Cook et Charles A. Campbell. Recensement du Canada, 1861, village de Saint-Jean, comté de Saint-Jean, p. 102.
[102] *The Ottawa Citizen, op. cit.*

n'est même pas appelé à témoigner. N'est-ce pas étrange ? Le jury sait-il que le magasin de John Durie's & Son, de la rue Sparks à Ottawa, est une librairie et papeterie ? On doit le croire. Quoi qu'il en soit, ce témoignage laisse penser que Ledoux a bel et bien acheté du papier pour écrire une lettre à Jérémie Babin. Enfin, Devlin cite un dernier témoin, puis déclare qu'il n'est pas nécessaire d'en faire comparaître d'autres étant donné qu'il a démontré, hors de tout doute, l'innocence de son client. L'avocat est sûr de lui et n'hésite pas à le montrer.

Selon que vous serez puissant ou misérable
Les jugements de cour vous rendront blanc ou noir.

Jean de La Fontaine

VII

LE VERDICT

Le procès est terminé. Le moment est venu pour les avocats de faire leur plaidoirie, de convaincre le jury de la justesse de la cause qu'ils défendent au moyen d'une analyse pour ne pas dire une dissection des éléments, des faits et des témoignages produits devant la Cour tout au long du procès. Si les observateurs attendent avec impatience cette étape du procès, on peut se demander si Jérémie Babin la redoute, sachant que son avenir repose sur les impressions que ses défenseurs auront laissées sur les membres les plus influents du jury, sur ceux qui enjoindront leurs collègues à épouser leur opinion. L'accusé reste calme même si les mouvements de ses yeux trahissent une impatience certaine.

La salle du tribunal est pleine à craquer de curieux venus entendre les hommes de loi faire leur plaidoyer. Au balcon, les femmes sont si nombreuses qu'elles ont peine à respirer. Les observateurs ne seront pas déçus : pendant deux heures et demie, les avocats étaleront arguments et contre-arguments, exemples et contre-exemples, témoignages et contre-témoignages tout en faisant vibrer des cordes sensibles, en jouant sur les émotions des auditeurs, et ce, dans le but de convaincre chaque juré de la culpabilité ou de l'innocence du pasteur Jérémie Babin. Si ce dernier n'a pas témoigné, c'est parce que la procédure britannique de l'époque ne permet pas à l'accusé de prendre la parole pour sa propre défense. Il est spectateur de son procès.

C'est le couple Devlin-Perkins qui est le premier à parler. Perkins prépare d'abord le terrain à Devlin dont la plaidoirie est énergique, flamboyante même[103] :

> Les preuves apportées au cours de ce procès nous informent qu'il y a quelque sept ans, la mère du prisonnier est morte ; que quelques mois plus tard, le père a épousé une autre femme et qu'il est parti pour les États-Unis d'Amérique, laissant derrière lui sept jeunes enfants[104], le plus vieux étant le prisonnier, qui entrait dans sa vingt et unième année. Nous avons aussi appris que le prisonnier ayant appris que ses frères et sœurs avaient été abandonnés par leur père en a pris la responsabilité, les a instruits et leur a donné toute l'aide qu'il pouvait grâce à son travail. Pendant des années, le jeune homme a travaillé nuit et jour pour éviter à ses frères et sœurs la misère […]

Les membres du jury suivent avec attention le raisonnement de Bernard Devlin dont le verbe fascine. Ce n'est pas tous les jours que des hommes du peuple ont la chance d'entendre un tribun de cette classe, qui sait rendre une plaidoirie intéressante, qui sait retenir l'attention de son public au moyen de mots, de phrases que tous peuvent comprendre.

Y a-t-il un juré qui se demande s'il est vrai que le pasteur a fait tant de sacrifices pour ses frères et sœur ? Aucun des membres de la famille de Babin n'est là pour confirmer ou infirmer les témoignages, pas plus les frères que le père de Jérémie, absents.

L'avocat sent qu'il a bien accroché les jurés, tendus et muets. Il poursuit son discours :

---

[103] Les plaidoiries sont tirées de l'*Ottawa Citizen* du 28 janvier 1867 et de l'*Ottawa Times* du même jour.
[104] Nous n'avons pu trouver que six enfants, de nombreux registres des églises protestantes faisant défaut de même que le recensement du Canada de 1861 pour la région d'Henryville, Noyan et Sabrevois. Le second mariage de Jérémie Babin, père, n'a pas été non plus trouvé.

Selon les témoignages présentés en preuves, nous savons que la famille est composée de sept personnes au nombre desquelles était l'infortunée Mary Babin. Or, Messieurs, il a été prouvé, sans l'ombre d'un doute, que le prisonnier accordait des soins et une attention particulière à sa sœur difforme [...]

Le tribun montréalais fixe, d'un œil pénétrant, chacun des jurés :

Examinez tous les gestes posés dans sa vie et dites-moi si vous pouvez relever une seule circonstance qui nous ferait soupçonner chez cet homme une âme, des pensées ou une morale de meurtrier. Examinez toute sa vie et essayez de trouver un seul geste qui vous permettrait de croire qu'après avoir protégé sa sœur infirme pendant autant de temps il aurait changé au point de devenir un personnage diabolique [...]

Si Jérémie Babin aimait autant sa sœur, pourquoi diantre s'en est-il débarrassé moins de trois mois après son arrivée à Buckingham, pourrait-on se demander ? Devlin, qui sait que cette question tourne dans la tête de plus d'une personne, répond :

Au moment où la fille Babin vivait à la maison du prisonnier, son épouse était *enceinte*[105], et nous savons tous que les femmes mariées dans un tel état ont en horreur – et sans aucun doute à raison – de regarder des objets difformes.

Voilà le chat sorti du sac : Jérémie Babin s'est défait de sa sœur parce que sa seule vue indisposait sa femme enceinte, c'est du moins ce que prétend l'avocat qui poursuit sa plaidoirie en ces termes :

Je vous dis cela sérieusement. Je ne connais aucune femme qui désire avoir sous les yeux un objet difforme. C'est parce que madame était dans cet état, et qu'elle était aussi marquée par cette croyance populaire, qu'on a jugé nécessaire le déménagement de la jeune femme.

---

[105] En français dans le texte original anglais.

Ainsi, ce n'est pas Jérémie Babin qui a voulu se débarrasser de sa sœur, mais sa femme qui était incapable de tolérer, chez elle, la vue d'une femme difforme. Ce n'est pas lui, Jérémie Babin, qui a tué sa sœur : c'est ce méchant étranger, Moïse Ledoux, qui l'a froidement assassinée. Lui, le pasteur de Buckingham, est innocent de tout. Ce sont les autres les responsables de la mort de Marie Aglaé, pas lui, homme d'Église, représentant de Dieu ici-bas.

Les superstitions d'Elisabeth Abbott, fille et épouse de pasteurs, seraient donc à la source de l'expulsion de Marie Aglaé de la maison de son frère. N'est-ce pas parce que le révérend Babin avait honte de mettre à la porte sa sœur qu'il est allé la conduire hors de chez lui à la nuit tombée plutôt qu'en plein jour, et ce, en l'absence de tout témoin ? Est-ce aussi pour éviter des questions qu'il l'aurait confiée à un pur étranger à l'adresse inconnue qu'il ne connaissait d'ailleurs ni d'Ève ni d'Adam ? Devlin se garde bien de traiter de ces facettes de l'affaire et fait de Ledoux, cet homme insaisissable dont on ne sait rien ou presque, un personnage malfaisant dont le mauvais caractère fait indubitablement de lui LE meurtrier, rien de moins, de la pauvre infirme, Marie Aglaé Babin :

> Nous avons entendu devant cette cour les meilleures preuves possibles de l'existence de cet homme Ledeaux *(sic)* [...] Vous n'avez qu'à prendre en compte les conclusions du jury du coroner et vous constaterez que les hommes, qui avaient prêté serment à cette occasion, étaient unanimement d'opinion que Ledeaux *(sic)* avait assassiné la sœur du prisonnier [...] Vous avez la preuve de l'existence de Ledeaux *(sic)*, et le témoignage de Mme Jollicoeur *(sic)* qui lui a attribué un très mauvais caractère, et je suis d'opinion que la main meurtrière qui a jeté à l'eau cette femme était celle de cet homme, Ledeaux *(sic)* qui, ayant reçu 50 dollars, a éliminé la fille pour ensuite s'enfuir [...][106]

La plaidoirie de Devlin est très bien structurée. L'avocat a mis en évidence les points qui font de son client un ecclésiastique irréprochable et a

---

[106] *The Ottawa Citizen* (Ottawa), 28 janvier 1867.

diabolisé Ledoux que personne n'a véritablement connu. Il le tient responsable du crime dont est accusé son client, en suggérant que son absence le rendait forcément coupable. Les absents n'ont-ils pas toujours tort ?

« Croyez-vous, poursuit le défenseur de Babin, que si le jeune pasteur protestant avait été coupable il serait resté ici jusqu'à ce jour pour affronter ses accusateurs ? Il est resté parce qu'il se sait innocent ! » Et sûr de son charme d'homme mûr, il ajoute, magnifique, en dirigeant son regard de feu vers le balcon bondé de dames :

> Je vois ici un grand nombre de femmes. Je suis fier de les voir [...] et je suis sûr que si l'on pouvait leur permettre de prononcer le verdict, elles se lèveraient toutes et diraient : « Non coupable. » Je remercie Dieu que la réputation de ce jeune pasteur anglican soit sauve, que sa vie soit sauve. Et je crois qu'il sortira du tribunal récompensé de toutes les misères qu'il a endurées[107].

L'avocat conclut sa plaidoirie en racontant l'histoire de cet homme qui a été pendu, pour un crime qu'il n'avait pas commis, à cause de l'aveuglement des jurés. Dans l'assistance, plusieurs personnes, et pas que des femmes, essuient du revers de la main ou avec un mouchoir qui un œil humide, qui une larme perlant sur la joue.

Le silence s'empare de la salle du tribunal pendant le bref instant où Bernard Devlin, fourbu, mais persuadé d'avoir convaincu le jury de l'innocence de son client, retourne à son fauteuil et Thomas Walsh, l'avocat de la couronne, va se placer au milieu du prétoire, le corps tourné vers les membres du jury. Il aura fort à faire pour obtenir la condamnation de l'accusé, car son honorable adversaire semble avoir gagné à sa cause plus d'un juré, plus d'un observateur.

Assistance, juge et jury considèrent d'un œil interrogateur le jeune procureur de la couronne qui ressasse ses accusations. Sa plaidoirie est si banale qu'aucun journal ne fera l'effort de la publier *in extenso*. De fait, l'avocat montréalais fait un résumé des accusations et ne parvient pas à

---

[107] *Idem.*

démontrer, hors de tout doute raisonnable, la culpabilité du pasteur Babin. Le *Montreal Weekly Witness* n'hésitera pas à écrire que Walsh a manqué de vigueur, particulièrement le dernier jour du procès[108].

L'ombre de la fin du jour est tombée sur le prétoire éclairé seulement par des lampes à pétrole à la flamme vacillante. Des estomacs vides crient famine. Le juge se lève et annonce qu'il fera ses recommandations au jury le lendemain à dix heures au grand désappointement de la horde de curieux qui devra, encore une fois, espérer se trouver une place dans la salle du tribunal. Chacun retourne, qui à son hôtel, qui à son logis, alors que le jury est enfermé à clé dans une pièce du Palais de justice, pour une autre nuit, afin qu'aucun de ses membres n'entre en communication avec l'extérieur.

Quatrième audience

Samedi matin, 26 janvier. La foule se bouscule à la porte du Palais de justice pour assister à la conclusion du procès ; elle est composée de plusieurs centaines de personnes. Ces gens viennent pour la plupart des environs, c'est-à-dire d'Aylmer, de Buckingham, du village de Hull et d'Ottawa. Plusieurs correspondants de journaux de Montréal ont une place aux premières loges. Mais les places sont comptées et quelques centaines de personnes sont condamnées à faire le pied de grue dehors sous le ciel froid de cette fin du mois de janvier.

Le juge fait ses recommandations au jury :

> Messieurs les jurés. Le prisonnier est accusé d'avoir commis un crime haineux, plus précisément le meurtre de Marie Aglaé Babin, sa sœur. Vous représentez la société que vous devez protéger et ses intérêts sans tenir compte des sentiments que vous pouvez avoir pour le prisonnier[109].

---

[108] 8 février 1867.
[109] *The Ottawa Citizen* (Ottawa), 5 février 1867.

Lafontaine explique au jury ce qu'est un meurtre puis lui donne une étonnante directive : « Maintenant, le plus important pour vous est de déterminer qui a commis le meurtre. » Puis, sans rappeler les preuves circonstancielles recueillies contre le pasteur, il explique que le fardeau de la preuve repose toujours sur celui qui affirme l'existence de faits supposant une responsabilité légale : « La loi considère tout homme innocent jusqu'à preuve du contraire. »

S'il commande aux membres du jury de ne pas tenir compte des fameux fragments de papier d'une lettre qu'aurait prétendument écrit Ledoux, il ajoute :

> Il y a une autre règle bien connue dans le droit criminel en faveur de la vie et de l'innocence, et c'est : quand il y a doute raisonnable sur la mort provoquée délibérément et volontairement par l'accusé, il serait périlleux de le condamner, même sur une forte preuve purement circonstancielle.

Le juge a été clair : il y a risque d'erreur si le jury condamne Jérémie sur d'uniques preuves circonstancielles. Enfin, il invite les jurés à se retirer pour délibérer dans une pièce située à l'écart des oreilles indiscrètes. Il est alors dix heures et quart. Quand il réintègre la salle du tribunal, l'horloge marque onze heures vingt, ce qui signifie que les douze hommes se sont entendus en moins d'une heure et qu'un ou deux jurés, peut-être, se sont fait tirer l'oreille pour se rallier à la majorité. Le greffier demande au prisonnier de se lever. La salle retient son souffle. Les planches de bois du noble édifice laissent entendre des craquements secs. Jérémie Babin, immobile, est blanc comme un drap ; ses lèvres bleuissent. Sa femme, la bouche légèrement entrouverte, le teint livide et les yeux braqués sur les membres du jury, se meurt d'angoisse.

Le greffier s'adresse alors au jury : « Messieurs, vous êtes-vous mis d'accord sur un verdict ? » D'un ton calme, le président des douze jurés, Michael Shea, répond : « Oui. » Puis, après une brève pause qui sème le frisson dans l'assistance suspendue à ses lèvres, le greffier demande : « Coupable ou non coupable ? »

La tension est à son comble. Le prisonnier ne respire plus. Il est figé, statufié même. Angoissée, son épouse se tord les mains. Enfin, Shea répond d'une voix dépourvue d'inflexion : « Non coupable ! » La femme du pasteur ne peut s'empêcher d'émettre un petit cri de joie avant d'aller étreindre son mari en l'enveloppant de ses bras. L'éloquence et l'expérience du tandem Devlin – Perkins l'ont emporté sur l'inexpérience de Thomas Walsh.

La foule se disperse lentement, heureuse, comme si elle avait assisté à un spectacle, à une pièce de théâtre. Mais qui donc a tué Marie Aglaé ? Moïse Ledoux, pensent la plupart de ceux et celles qui ont assisté au procès. Après une seconde réflexion, chacun est bien forcé d'admettre que le pasteur a manqué à son devoir de charité chrétienne en confiant sa sœur à un inconnu.

Des lendemains qui déchantent

Pour le moment, Jérémie Babin et les siens ne pensent qu'à se réjouir. Le couple, entouré d'amis, quitte le Palais de justice d'Aylmer bras dessus bras dessous et se rend à Ottawa, à l'hôtel Albion, rue Nicholas, où il célèbre l'heureuse conclusion du procès. Le pasteur, sa femme et leur bébé de sept mois sont entourés de Bernard Devlin, de l'ami indéfectible Stephen Pierce et du révérend Samuel S. Strong. La rencontre, qui est ponctuée de musique, est trop joyeuse au goût de certaines personnes. C'est ainsi qu'un lecteur anonyme du *Ottawa Citizen*, qui signe *Public Decency*, fait part au journal de son indignation le 30 janvier 1867 :

> À la table de thé, le groupe de Babin était le seul à rire, à parler et à conter des blagues et à se comporter de façon bruyante. Qu'ils aient mangé, bu et été joyeux n'étaient guère convenable ; mais qu'après le thé ils soient allés au salon et y aient joué des *jigs* au piano, chanté et, comme le révérend monsieur l'a dit « make a night of it », a été d'un comportement déplacé compte tenu de l'incident mortel.

Le propriétaire de l'hôtel Albion, John Graham, vient à la rescousse de Babin en déclarant : « On a pas chanté et le piano n'a servi, je crois, qu'à amuser l'enfant. Le groupe s'est séparé vers vingt et une heures et quart, et avant vingt-deux heures, tous étaient au lit. M. et Mme Babin sont allés à l'église le lendemain matin. » Graham admet, toutefois, qu'il n'était pas présent lors du passage de Babin à son hôtel. Le 5 février suivant, *Public Decency* revient à la charge et déclare qu'il maintient ses propos et qu'il est prêt à prouver ses dires.

Babin a-t-il cru, un tant soit peu, qu'on oublierait son comportement ? L'homme n'a pas compris que s'il a été acquitté de l'assassinat de sa sœur, c'est que le drame s'est déroulé en l'absence de témoin et que si le jury l'a innocenté, faute de preuves évidentes, d'autres le croient coupable. Par exemple, l'éditorialiste et propriétaire du journal *Ottawa Citizen*, J. B. Taylor, n'est pas d'accord avec le verdict du jury et n'hésite pas à le mettre en question : « […] il nous apparaît extraordinaire qu'un tel jugement ait été rendu en dépit des preuves présentées par le procureur. » Taylor est convaincu que si Babin n'est pas le meurtrier de sa sœur, il en a été tout au moins le complice. Il ajoute :

> Il est pénible de penser qu'un gentilhomme instruit au collège et admis aux saints ordres ait pu apporter la disgrâce sur l'humanité au moyen d'un orgueil démesuré. Si nous l'acquittions, comme le jury formé de ses compatriotes l'a déjà fait, du pire crime qu'il soit – le meurtre –, nous ne pourrions le décharger de ce crime honteux, celui d'avoir cruellement négligé sa sœur. La Loi n'a peut-être pas pu l'atteindre et le punir comme personne accusée de meurtre, et il peut maintenant être reconnu, selon la loi, l'égal d'un honnête homme, mais qu'en est-il de l'opinion publique ? Il sera dit que l'on a trahi la justice, et que l'on s'est moqué des lois vouées à la protection de la vie[110].

Le *Montreal Weekly Witness* remet en question l'impartialité de la conduite du procès et crie au favoritisme envers les Canadiens de langue française :

---

[110] *The Ottawa Citizen* (Ottawa), 29 janvier 1867. Il semble bien que ce soit Taylor lui-même qui rédigeait les éditoriaux du journal.

[…] l'impression laissée, nous regrettons de le dire, est que si un Canadien-Français est lié à l'Église d'Angleterre, il n'aura pas à subir les conséquences de ses actes même criminels[111].

Babin un Canadien-Français ? Il a pourtant renié les siens depuis un bon moment déjà. Son image publique est si lamentable qu'un lecteur du même journal y publie un poème : *A Legend of Buckingham Village* (voir Annexe III)[112]. Un lecteur d'un journal concurrent, *The Ottawa Times*, qui en a assez d'entendre parler de l'Affaire Babin écrit sous le nom de plume de Gerund, le 19 février 1867 :

> Babin here, and Babin there,
> Babin hopeful, and Babin in fear,
> Babin smooth, and Babin rough,
> Thank ye, *Citizen*, we've had enough.

9- L'hôtel Albion à Ottawa. C'est là que Jérémie Babin a célébré, trop bruyamment selon certains, son acquittement. Photographie tirée de Haig, Robert, *Ottawa, City of the Big Ears*, 1975, page 136.

---

[111] *The Montreal Weekly Witness* (Montréal), 8 février 1867.
[112] *The Ottawa Citizen* (Ottawa), 18 février 1867. Poème de Margaret Dixon McDougall dite Nora Pembroke qui a employé le nom de plume de Clarence dans le journal.

Deux semaines après la publication de l'article du *Citizen*, Jérémie Babin réagit aux propos de l'éditorialiste, par l'entremise de l'*Ottawa Times*, en affirmant faire les frais d'une machination de méchants hommes. Après avoir dénoncé les autorités judiciaires pour ne pas avoir consenti d'efforts pour retrouver Moïse Ledoux, il accuse les journaux de l'avoir voué à l'animosité publique :

> [...] si les comptes rendus de l'enquête du coroner avaient été publiés au départ, en lieu de déclarations déformées qui ont soulevé contre moi les sentiments populaires, les esprits des personnes raisonnables auraient penché dans une autre direction [...] il y a eu tellement de mensonges absurdes publiés dernièrement[113].

Le 16 février, l'*Ottawa Citizen*, répond à Babin en ces termes :

> La presse n'est pas responsable des mauvaises odeurs que suscite le nom de Jérémie Babin chez le public, ni pour l'accumulation des preuves circonstancielles qui condamnent le révérend gentilhomme dans l'estime du public [...]
>
> Tout ce qu'il [Babin] a à faire, c'est de déposer les renseignements [qu'il possède] auprès du gouvernement, et si ces renseignements ont quelque valeur, nous avons peu de doute que le gouvernement pourrait offrir une prime suffisante pour affermir le zèle de nos détectives. En tout cas, nous avançons que c'est le premier devoir de transmettre les renseignements à ceux qui en feront un bon usage pour que le meurtrier subisse sa juste punition[114].

Les propos que Taylor adresse à Babin sont clairs : si vous avez des renseignements qui pourraient conduire à l'arrestation du meurtrier, vous avez l'obligation de les transmettre aux autorités. Un point c'est tout. Mais Babin a-t-il des renseignements valables, des renseignements qui pourraient lever le voile sur le mystère de l'assassinat de sa sœur, Marie Aglaé ?

---

[113] *Idem*, 16 février 1867.
[114] *Ibidem*.

Nul doute qu'il possède des informations inédites pouvant éclairer les autorités judiciaires. Mais celles-ci le disculperaient-elles ? Pas si sûr.

L'*Ottawa Citizen* trouve étrange que Job Babin, frère de Jérémie, n'ait pas été présent au procès, car il aurait pu être un complice du pasteur dans la mort de Marie Aglaé. Dans son édition du 7 février, le même quotidien annonce qu'un individu qui a témoigné pour la défense a, depuis l'acquittement de Babin, informé une ou plusieurs personnes que Job Babin est l'homme qui a assassiné la jeune infirme. L'affaire fait du bruit et chacun se demande comment il se fait qu'autant de questions restent toujours en suspens. Certains n'hésitent pas à clamer que Babin a évité une condamnation parce qu'il est un ministre du culte.

Nombreux sont ceux qui ne craignent pas de critiquer l'évêque anglican lui-même. Dans des journaux montréalais, on l'accuse d'avoir protégé le pasteur de Buckingham par solidarité religieuse. Un « homme d'Église » anonyme, va jusqu'à écrire :

> Selon un point de vue ecclésiastique, le procès est plein de contradictions et d'incohérences. Nous trouvons un avocat catholique romain employé à la défense d'un prêtre anglican (c'est couvert de honte que j'écris ce titre) choisi pour d'autres raisons que son honnête talent –, un choix qui s'explique parce que l'accusé est un converti de cette foi. Mais ce sont là les points les moins condamnables et nous pouvons nous sentir humiliés et mortifiés d'avoir vu un évêque de l'Église défiler, ou être simplement présent, sauf sous contrainte légale, pour jouer le rôle de défenseur officiel – nonobstant le verdict du jury – d'une personne s'étant elle-même accusée d'un acte cruel et inhumain, en violation des principes chrétiens. On aurait pu cependant penser que là où la culpabilité était admise, que le reniement de la foi et de la négligence totale du caractère saint de son ministère auraient conduit un évêque de l'église et les autres révérends qui ont figuré tellement nombreux, à l'avoir laissé aux prises avec les conséquences de son crime.

L'ecclésiastique conclut sa lettre en exprimant deux souhaits :

> Puisse l'Église du Canada et le diocèse de Montréal être bientôt soula-
> gés d'un membre délinquant et que son histoire ne soit jamais souillée
> par un autre crime, si grave et si stupide que celui de Jérémie Babin[115].

Les propos de l'ecclésiastique anonyme n'ajoutent rien à l'affaire Babin, si ce n'est qu'ils montrent que le pasteur de Buckingham n'a pas que des amis dans l'Église d'Angleterre. À ce discours, qui relève plus de la mesquinerie et du fanatisme religieux que de la recherche de la justice, il faut ajouter des articles de journaux beaucoup plus dérangeants. Des journalistes font-ils leur propre enquête sur Babin ? Chose assurée, certains sont à l'affût de renseignements qu'ils n'hésiteront pas à publier et qui auront peut-être pour effet de pousser le pasteur à fuir sous d'autres cieux.

Le 18 mars, un certain W. A. Campbell d'Ottawa offre une récompense de 100 dollars à qui pourra identifier l'écriture sur une série de fragments de lettres qu'aurait trouvé Stephen Pierce, l'ami de Babin, ou qui réussirait à trouver un objet ayant appartenu à Marie Aglaé Babin. L'*Ottawa Citizen*, qui croit qu'aucun des objets recherchés ne sera trouvé, suggère que les dollars promis en récompense soient employés à l'achat d'un monument funéraire à Marie Aglaé sur lequel on y décrirait les circonstances de la mort de la jeune infirme[116]. Quoi qu'il en soit, l'offre de la récompense ne donne rien.

[115] *The Montreal Weekly Witness* (Montréal), 8 février 1867.
[116] *The Ottawa Citizen* (Ottawa), 18 mars 1867.

Confronté à une épreuve,
un homme ne dispose que de trois choix :
1) combattre ; 2) ne rien faire ; 3) fuir.

Henri Laborit

VIII

LE SALUT DANS LA FUITE ?

La réputation du pasteur Babin est compromise à jamais, d'autant plus que tous les journaux du pays, ou presque, parlent encore de l'assassinat de sa sœur en mars 1867. Les autorités anglicanes lui ayant retiré ses fonctions de pasteur de Buckingham, il n'a d'autre choix que celui de quitter l'Outaouais pour des lieux plus cléments. L'affaire Babin a d'ailleurs des répercussions sur la fréquentation religieuse à Buckingham. De fait, les fidèles de l'Église d'Angleterre passeront de 110, en 1861, à 72 en 1871.

Jérémie Babin se rend rapidement compte qu'un acquittement ne constitue pas nécessairement un certificat de bonne conduite ; on ne lui pardonne pas d'avoir abandonné sa sœur à un étranger, et plusieurs le tiennent directement responsable de sa mort. Ont-ils tort ? Ne s'acharnent-ils pas sur une innocente victime de circonstances ?

L'ancien pasteur de Buckingham n'a plus qu'une seule carte à jouer, celle que lui a désignée l'éditorialiste de l'*Ottawa Citizen*, soit de s'adresser au gouvernement. Le 25 février 1867, il rédige une supplique à l'intention de l'administrateur de l'Amérique du Nord britannique que son cousin par alliance, John Caldwell Abbott, expédie au secrétaire provincial, le 14 mars suivant. Il y relate sa mésaventure et réclame l'arrestation de Moïse Ledoux :

[...] En raison de cette fausse accusation [de meurtre] et de cette poursuite, votre requérant a perdu sa mission à Buckingham, il a dépensé tous ses moyens financiers pour sa défense et il est incapable de poursuivre les recherches dudit Ledoux de façon à ce que la justice arrive à ses fins et pour procéder à son arrestation.

Par conséquent, votre requérant supplie humblement le gouvernement d'offrir une prime pour l'arrestation dudit Moïse Ledoux, ou l'auteur ou les auteurs de l'affreux crime qui a causé la mort prématurée de sa pauvre sœur[117].

La démarche de Babin ne semble pas avoir eu de suite. Chose certaine, aucun Moïse Ledoux n'a été arrêté et condamné pour le meurtre de Marie Aglaé Babin dont l'assassinat reste impuni près d'un siècle et demi plus tard. Toujours est-il que l'ancien pasteur de Buckingham en a assez d'être brocardé sur la place publique et, le 15 mars, il se plaint de faire l'objet de calomnies de la part de la presse, plus particulièrement de l'*Ottawa Citizen* qu'il menace de poursuites[118]. Le même jour, le *Montreal Weekly Witness* relance l'affaire quand il écrit que Job Babin s'est rendu à Chicago à la suite de son départ de chez Jérémie. Or, quand il a appris que le cadavre de sa sœur avait été trouvé dans les eaux de la rivière du Lièvre, il aurait sombré dans la folie ce qui fait qu'on a dû l'interner dans un asile d'aliéné :

Il [Job] a peut-être recouvré la santé depuis lors, et les renseignements qu'il pourrait donner sont peut-être de la plus grande importance.

[117] BAC, RG4, C1, Provincial Secretary's Office Canada-East (P.S.O. C.-E.) 1867, n° H-2815.
[118] *Montreal Weekly Witness* (Montréal), 15 mars 1867.

10- Cousin par alliance de Jérémie Babin
(1837-1913), John Joseph Caldwell Abbott
(1821-1893) sera impliqué dans le scandale
du Canadien Pacifique. Il deviendra
premier ministre du Canada en 1891.

Job a-t-il été véritablement interné dans un hôpital psychiatrique de l'Illinois ? Les archives hospitalières étasuniennes, qui ne sont pas entièrement accessibles, ne permettent pas de répondre à cette question pour le moment. Chose certaine, en 1870, Job demeure à Kankakee, Illinois, avec son père et sa belle-mère. Un recensement étasunien en fait foi[119]. Quoi qu'il en soit, les autorités judiciaires n'ont pas donné suite à cette nouvelle qui a dès lors perdu toute crédibilité. Par ailleurs, la plupart des journaux n'accordent pas foi à la fable qui fait de l'insaisissable Ledoux le meurtrier de Marie Aglaé Babin et sont convaincus que le pasteur a trempé dans le sordide assassinat de l'infirme. Mais Jérémie Babin aimerait bien que « l'on croit juste possible que j'aie dit la vérité [...] de croire qu'il est juste

---

[119] United States Federal Census, 1870, Kankakee County, Kankakee, Illinois.

possible que, de même que ma pauvre sœur, j'aie été victime d'une infâme machination [...][120] »

Le mauvais œil de Jérémie Babin

Étrange personnage que ce Jérémie Babin. Il a l'air d'une personne qui camoufle ou refoule un défaut secret, une fêlure qui le rend inquiétant, comme un mécanisme parfaitement sain d'apparence recèle un grain de sable pouvant entraîner une brusque cassure et créer des drames. Il vit désormais chez sa belle-mère, à Saint-André d'Argenteuil. Le temps s'écoule lentement pour le pasteur privé de troupeau et de moyens financiers. Elisabeth, sa femme, est sans aucun doute encore éprise de son homme, puisqu'elle le laisse lui faire – en avait-elle le choix ? – un second enfant, promis à un grand avenir, qui naît le 18 mars 1868. Que sait-elle de son mari ? Est-elle convaincue de son innocence ou est-elle une complice docile et silencieuse ? Toujours est-il que la jeune femme est malade. Ses formes s'allongent, une ombre bleutée encercle et illumine son regard. Ses joues rosissent sous l'effet d'un feu intérieur ; la tuberculose pulmonaire en a pris possession. Comme on le formulait alors, Elisabeth est consomption, atteinte de phtisie. Depuis quand ? Les archives sont muettes à ce sujet. Disons qu'à part quelques rares cas de tuberculose galopante, cette maladie tue lentement, à petit feu, sur une période de plusieurs mois, voire de plusieurs années. Comment se fait-il que Jérémie n'ait pas contracté cette affection ? C'est un mystère. Généralement, un adulte en bonne santé exposé quotidiennement à l'affection pendant plusieurs mois, la contracte. Mais ni les enfants ni la mère d'Élisabeth n'en souffriront, comme s'ils avaient tous été naturellement immunisés. Évidemment, si tous ceux qui y ont été exposés au XIXe siècle l'avaient attrapée, il ne resterait plus personne au Québec ! Toutefois, soulignons que le frère cadet de Jérémie, Joseph, en mourra en... 1883 !

---

[120] *Montreal Weekly Witness* (Montréal), 15 mars 1867.

L'année même de la naissance du second enfant de la tuberculeuse, enfant nommée Elisabeth Maud Seymour – mieux connue sous le prénom de Maude –, Jérémie quitte Saint-André et émigre aux États-Unis[121]. Selon tous les biographes de Maude, Jérémie a abandonné sa famille alors que celle-ci n'avait que sept mois, soit donc vers le mois d'octobre 1868, ce que le recensement des États-Unis de 1900 confirme[122].

11- La pierre tombale de Elisabeth Abbott (1842-1869) au cimetière Christ Church à Saint-André d'Argenteuil. Le nom de son père, Jérémie Babin, y est inscrit. Sans doute, souhaitait-elle que ce dernier n'y soit pour rien dans l'assassinat de sa tante Marie Aglaé Babin. Photographie de Raymond Ouimet.

---

[121] Selon S. B. Nelson et J. M. Runk, *History of Cincinnati and Hamilton County, Ohio – Their Past and Present*, Cincinnati, S. B. Nelson & Co., Publishers, 1894, Babin se serait établi aux États-Unis en 1867 avec son épouse. Toutefois, cette affirmation est contredite par le recensement des États-Unis, pour l'année 1900, dans lequel Babin a déclaré être entré aux États-Unis en 1868.

[122] Twelfth Census of the United States, Ohio, Hamilton, Cincinnati City.

Une année passe avant que sa femme ne meure, le 25 octobre 1869, à Saint-André. Et en dépit de sa honteuse fuite, son nom sera plus tard gravé sur la pierre tombale d'Elisabeth inhumée au lieu de son décès, dans le cimetière de l'église Christ Church[123] :

> To the memory of
> Elisabeth Bayley Abbott
> Wife of the Rev. Jeremy Babin
> And mother of Alice F. M. and D' Maude E. Abbott
> Died Oct. 11 1869 aged 27 years
> Daughter of Rev. Wm. And Frances Mary Abbott

Compte tenu du fait que les autorités ecclésiastiques anglicanes ne lui permettaient plus d'exercer son ministère, on peut aisément comprendre pourquoi Babin est allé s'établir aux États-Unis. Contre toute attente et contrairement à ses frères Job et Joseph, il ne va toutefois pas rejoindre son père. Il s'établit plutôt à Cincinnati, en Ohio – Dieu sait pourquoi ! – où l'Église anglicane lui facilite peut-être son établissement[124]. Là, il racontera, à sa façon sans doute, ses débuts au pays de l'oncle Sam, ce qui sera repris dans une histoire des comtés de Cincinnati et de Hamilton, en Ohio :

> En 1867, il [Jérémie Babin] arrive à Cincinnati. Sa jeune femme n'a pas bénéficié, comme espéré, du changement de climat, et meurt à l'automne de 1869[125].

Fabulateur le pasteur ? Sans aucun doute, puisque sa deuxième fille a vu le jour à Saint-André au printemps de 1868, et que son épouse y est morte

---

[123] La pierre tombale a été gravée longtemps après la mort d'Elisabeth puisque Maude y est qualifiée de docteure.
[124] Notons toutefois que le recensement de 1870, du comté de Hamilton, en Ohio, montre une certaine Jennie Babin, 35 ans, enseignante de langues, originaire de France. Comme souvent, plusieurs renseignements inscrits dans les recensements sont erronés, il est possible que celle-ci soit une parente de Jérémie. Malheureusement, on ne trouve plus de trace de cette femme après 1870.
[125] NELSON, S. B. et RUNK, J. M., op. cit.

à l'automne de 1869, comme le montre la transcription de l'acte de sépulture suivant tiré des registres de la paroisse Christ Church de Saint-André d'Argenteuil :

> Babin buried   Elisabeth Baily Babin daughter of the late Revd
> William Abbott, Rector of St. Andrews, and wife of Jeremy Babin died
> on the Eleventh day of November Anno Domini one thousand eight
> hundred & sixty nine and was buried on the thirteen day of same
> month by me.
>   Frederick Noue, Missionary at Grenville
>   Edward Jones Witness.

Comme aucun document n'explique l'attitude du pasteur, nous en sommes réduits aux conjectures. L'une de celles-là est la maladie. Pendant longtemps, la tuberculose a suscité la honte et le rejet des personnes infectées. Jérémie Babin a-t-il craint ou eu honte de la tuberculose de sa femme et, par conséquent, d'elle aussi ? Compte tenu de son comportement passé, cette hypothèse apparaît possible, car la tuberculose était alors tenue pour être une tare héréditaire. En effet, ce n'est qu'en 1865 que le Français Antoine Villemin prouve que la tuberculose est causée par un organisme spécifique et qu'elle est contagieuse. Mais il faudra attendre l'Allemand Robert Koch et plus de 45 ans avant que les sceptiques soient convaincus du caractère pernicieux de la maladie[126].

Par ailleurs, il est peu vraisemblable que la honte de la maladie de sa femme ait poussé Jérémie à abandonner aussi ses enfants, même s'il n'avait pas la fibre paternelle, parce que cela aurait contribué à ternir encore plus sa réputation. Mais il est vrai qu'il ne savait pas faire avec les enfants. Son fils, Henry, ira jusqu'à affirmer, dans les années 1910, que son père était « insensible à la délicatesse, aux émotions et aux sentiments[127] », ce qui n'est pas peu dire. L'hypothèse de l'abandon volontaire comporte cependant une

---

[126] CÔTÉ, Louise, *En garde ! – Les représentations de la tuberculose au Québec dans la première moitié du XXᵉ siècle*, Québec, Les Presses de l'Université Laval, 2000, pp. 32 et 33.
[127] Abbott, Elisabeth L., *All Heart – Notes on the Life of Dr. Maude Elisabeth Seymour Abbott, M.D., Pioneer Woman Doctor and Cardiologist*, Sainte-Anne-de-Bellevue, 1997, p. 65. Traduction libre.

faille. En effet, pourquoi le pasteur aurait-il abandonné une femme pour laquelle il s'était défait de sa sœur ? Une seule réponse vraisemblable à cette question : parce qu'il la tenait responsable de ses déboires et de la mort de sa sœur. Incapable de la regarder sans songer à Marie Aglaé, il aurait fui la cause sinon la source de son drame. Le pasteur est néanmoins revenu au Canada à quelques reprises pour passer du temps avec ses filles, ce qui semble signifier que l'abandon de la famille s'est fait avec l'accord de tous.

Mais, qui dit que Jérémie Babin n'est pas parti à cause d'une intervention extérieure, soit celle de sa belle-famille, et plus précisément, celle de John Caldwell Abbott ? Ce puissant politicien n'avait aucun intérêt à ce qu'un cousin par alliance, entaché d'une réputation sulfureuse, œuvre dans sa circonscription. Ne l'aurait-il pas discrètement, mais systématiquement poussé à s'établir sous d'autres cieux ? Les Abbott, avantageusement connus dans les milieux ecclésiastique, politique et universitaire devaient sans doute se sentir quelque peu déshonorés de s'être alliés à un homme qui avait publiquement fauté, qui s'était déshonoré. Les Abbott n'étaient toutefois pas eux-mêmes des saints, loin de là. Ils ont juste eu la chance d'être du bon côté, celui du plus fort, au bon moment[128] !

Quoi qu'il en soit, la supplique que Jérémie Babin adresse au gouvernement en 1867 montre bien qu'il était en relation directe avec John Caldwell Abbott[129]. Sa fille le sera encore plus que lui, puisque dans une lettre qu'elle adresse au docteur Adami, Maude Abbott Babin écrit : « [...] dans une relation intime personnelle, Sir John Abbott a été pour moi notre [le sien et celui de sa sœur] gardien et il a été le seul à m'encourager et à me pousser de l'avant quand j'étais prête à abandonner mon travail [...][130] » En abandonnant sa femme, Jérémie se soustrayait sans doute à la protection des

---

[128] L'oncle d'Elisabeth, le révérend Joseph Abbott, a participé au saccage de Saint-Benoît au temps de la rébellion des Patriotes. Quant à John Caldwell Abbott, il était le défenseur des grosses compagnies, dont celle du Canadien Pacifique à l'origine d'un des plus fameux scandales politiques au Canada.

[129] BAC, RG4., C1, *op. cit.*

[130] ABBOTT, Elisabeth L., *op. cit.*, p. 40. Traduction libre.

Abbott, mais pouvait aussi se refaire une vie, une vie qui lui était devenue impossible au Canada tant sa réputation était mauvaise.

D'autres raisons, moins convaincantes sans doute, ont pu pousser Babin à quitter le Canada : ses nuits étaient peut-être hantées par l'œil de Caïn, c'est-à-dire par le spectre de Marie Aglaé... Mais le remords n'est pas toujours le fait des criminels, et en tout cas il ne les tue pas. Et si Moïse Ledoux, à la condition d'exister, ou un membre de sa famille était revenu inopinément dans le portrait ! Quoi qu'il en soit, Jérémie Babin abandonne si bien ses enfants que la grand-mère les adopte *de facto* en changeant leur nom de famille pour celui d'Abbott. Et ni Alice ni Maude ne s'aventureront à reprendre officiellement le patronyme de leur père. Pour l'Histoire et pour ses amis, Maude sera la docteure Maude Abbott.

Le rêve étasunien

Aux États-Unis, Jérémie se taille rapidement une place au soleil. Il faut dire qu'on y a besoin d'hommes, la guerre de Sécession ayant fait de nombreux morts. En 1873, il épouse, à Louisville, Kentucky, une vieille fille, celle d'un médecin, Kate Morre, 30 ans. Il ne sait pas encore que celle-ci porte en elle une tare dévastatrice. Quoi qu'il en soit, cette même année 1873, il informe officiellement les autorités de son intention d'obtenir la nationalité étasunienne, nationalité qui ne lui sera accordée qu'en 1887 soit après 14 ans d'attente !

Après avoir refusé un poste de professeur au collège Kenyion, à Gambier, en Ohio, Jérémie Babin enseigne un an à Cooperstown, dans l'état de New York, puis revient à Cincinnati, où il sera principal pendant 14 ans du *Collegiate School*, une école qu'il a fondée et dont la devise est *Age Quod Agis*, c'est-à-dire « Fais ce que tu fais ». En même temps, il vaque aussi à diverses tâches ecclésiastiques dans son milieu d'adoption. On le voit même assurer le service dominical à Portsmouth en 1877[131].

---

[131] *The Portsmouth Times* (Portsmouth), 3 février 1877.

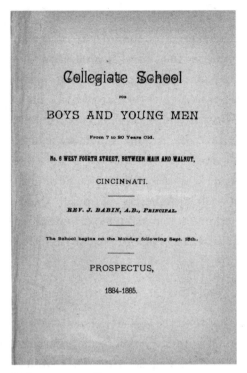

12- Page couverture d'un
prospectus de l'école de Jérémie
Babin à Cincinnati, Ohio.

Au XIX⁰ siècle, Cincinnati compte environ 215 000 habitants et est connue comme étant la capitale de « l'empaquetage de la viande de porc » ainsi que la *Queen City of the West*, c'est-à-dire la ville-reine de l'Ouest. Construite sur le bord de la rivière Ohio où naviguent les fameux *River Boats*, elle compte alors une forte population noire, de même que de nombreux étrangers, plus particulièrement des Allemands. La ville possède déjà son équipe de baseball professionnelle : *Cincinnati Red Stockings*.

L'ancien pasteur de Buckingham ne tarde pas à gravir de nombreux échelons de l'échelle sociale de Cincinnati. Il s'installe en banlieue, dans une ville appelée Newport, de l'autre côté de la rivière Ohio, dans l'État du Kentucky. En 1877, il fusionne son école à celle d'un certain E. F. Bliss – l'association ne dure que deux ans. En 1895, le collège change de nom pour celui de *The Cincinnati Collegiate School* dont l'objectif est de préparer les jeunes gens pour le collège et les écoles scientifiques. L'école compte alors cinq professeurs, y compris Jérémie Babin et sa fille Flavie née de son second mariage. Trente-cinq élèves fréquentent l'école où sont enseignées l'arithmétique et la géographie, l'histoire et les sciences naturelles de même que les langues : anglais, français, allemand, grec et latin.

Les prospectus du *Cincinnati Collegiate School* font état de la satisfaction de plusieurs parents d'enfants ayant fréquenté l'école de Jérémie Babin. Le 23 juin 1886, l'avocat E. A. Ferguson, de Cincinnati, écrit[132] :

> L'un de mes fils a été l'élève du professeur Babin pendant cinq ans au cours desquels il l'a principalement préparé pour son entrée au collège de Yale. J'ai le plaisir de témoigner de l'efficacité de cet éducateur, particulièrement en latin et en mathématiques.
>
> E. A. Ferguson

Sept ans plus tard, c'est au tour de l'avocat Geo. M. Thomas, de Vanceburg, au Kentucky, d'écrire[133] :

> Je suis satisfait des progrès accomplis par George à votre école et je prévois qu'il poursuivra ses études à votre école l'an prochain. Je souhaite le faire entrer dans la classe Freshman au Center College ou à l'Université de Georgia et je désire que vous le prépariez à cette éventualité.
>
> Geo. M. Thomas

Ainsi, au plan professionnel, la réussite de Jérémie Babin ne peut être mise en doute : S. B. Nelson n'hésite pas à écrire, en 1894, que la réputation du pasteur éducateur a atteint un niveau national[134]. Est-ce lui, qui sous le nom de J. B. Babin, pasteur épiscopal, a été le précepteur des enfants du

---

[132] Traduction libre.
[133] 13 juin 1893. Traduction libre.
[134] NELSON, S. B. et RUNK, J. M., *op. cit.*

gouverneur de l'Illinois, Richard Oglesby (1824-1899) [135] ? Quoi qu'il en soit, ses moyens financiers lui permettent de se payer des vacances — fait relativement rare au XIXe siècle — avec sa famille sur la côte de l'Atlantique et dans la capitale fédérale, Washington, dont il célèbre l'ordre.

Une famille dysfonctionnelle ?

À en croire les prospectus et les succès professionnels de Jérémie Babin, on dirait bien que celui-ci a un sens des communications aigu et qu'il a à cœur les succès d'autrui. Son supérieur et ses collègues n'ont-ils pas dit, lors du procès, que le clergé et les fidèles anglicans avaient une haute opinion du pasteur ? Après avoir analysé son écriture, Jacqueline Lussier, maître grapho-analyste, n'hésite pas à dire du pasteur :

> [...] cet homme possédait un grand talent de communicateur particulièrement dans le domaine public ; il avait le savoir-faire pour convaincre les autres et modifier son discours ou sa pensée selon les circonstances du moment [...] [136]

En matière de relations familiales, Jérémie Babin est certainement moins doué. De son mariage avec Kate Morre, Jérémie a six enfants dont il se montre fier : « [...] les gens disent qu'ils sont les plus gentils et les plus beaux de la ville [137]. » En dépit de sa fierté, sa famille ne semble pas vraiment heureuse, c'est du moins ce que la correspondance de son fils Harry, pasteur anglican comme son père, avec sa fille Maude laisse croire. De son père, Harry dit :

---

[135] PLUMMER, Mark A., *Lincoln's Rail Splitter, Governor Richard J. Oglesby*, University of Illinois, 2001. Renseignement transmis à l'auteur par Mme Elizabeth Abbott, 15 février 2006.

[136] Lussier, Jacqueline, *op. cit.*

[137] Bibliothèque Osler, P111, 13 septembre 1890, lettre de Jérémie Babin à sa fille Maude. Traduction libre.

> Il parlait rarement – mais toujours de respect – d'affection. Donc tu
> vois que nous sommes et avons été près mais ne savions pas ce dont
> mon père avait besoin pendant toute sa vie. Une puissante passion
> atténuait son jugement – insensible à la délicatesse, aux émotions
> et aux sentiments – intolérant à l'opposition [...][138]

Jacqueline Lussier confirme les propos d'Harry : « Une puissante pas-
sion atténuait son jugement ». En effet, selon la graphologue, Jérémie avait
« [...] une nature excessivement émotive [...] il avait tendance à [agir]
sans, au préalable, réfléchir aux conséquences possibles de ses actions[139]. »

Par ailleurs, Jérémie Babin n'est pas homme à se soucier des sentiments des autres, surtout quand ces autres ne lui sont pas utiles. Le cœur,
l'imagination et ce que les psychologues nomment « affect », c'est-à-dire
la capacité de s'occuper des sentiments des autres, n'ont pas de place dans
son schéma mental. Dans une autre lettre à sa demi-sœur Maude, Harry
Babin ajoute, en parlant de lui ainsi que de ses frères et sœurs :

> L'absence de douceur et de gentillesse de mon père a été très diffi-
> cile pour nous – elle nous a rendus indifférents aux demandes d'affec-
> tion. Cela nous a endurcis, mais n'a pas modifié notre instinct et nos
> tendances naturelles au mal. Cela a rendu l'amour peu attrayant à la
> maison. Oui, c'est triste, mais vrai : sa vie apparaît meilleure dans nos
> souvenirs que dans les rapports [que nous avons eus avec lui] [...][140]

Jérémie Babin, cet homme que les témoins ont encensé au procès, est
bel et bien un handicapé du cœur, cela est on ne peut plus clair. Ses émotions, ses sentiments sont-ils refoulés au point d'aller jusqu'à tuer sa sœur
pour être loyal à son épouse, à sa belle-famille ? Cet ecclésiastique, privé
d'affect et capable de tout et peut-être du pire, n'était pas fait pour le bon-
heur. Autour de lui, il aura semé le malheur. Il est intéressant de noter que

[138] Abbott, Elizabeth L., *op. cit.*, p. 65. Correspondance échangée entre Harry Babin et Maude Abbott, conservée à la Osler Library, Université McGill, P438/52. Traduction libre.
[139] LUSSIER, Jacqueline, *op. cit.*
[140] *Idem*, p. 73. Lettre de Harry Babin à Maude Abbott, 12 novembre 1917. Traduction libre.

le fils de Jérémie, Harry, estimait que les Babin étaient une famille à problèmes. Le 31 janvier 1917, il écrit à Maude :

> [...] le mot Babin signifie boucher ou bourreau[141] — les deux mots
> ont une racine française [...] Quoi qu'il en soit, nous avons un roman
> en Acadie — d'Évangéline, et ceci doit avoir tempéré quelques-unes
> des inégalités des pionniers — Antoine Babine *(sic)* comme chef de
> l'expédition ou de la rébellion contre les Anglais en 1855 *(sic)* — don-
> nent de la couleur aux traditions de la famille. J'espère toutefois que
> tu aimeras et trouveras agréable la présence rapprochée et secoura-
> ble de la famille Babin. Mais ne te charge pas trop de ses problèmes,
> car ils sont nombreux et réguliers.

Difficile de trouver agréable et secourable une famille qui a de nombreux problèmes récurrents. Mais pouvait-il en être autrement quand on
sait que le père de cette famille, Jérémie, n'était guère affectueux et que la
mère était profondément malade ? D'ailleurs, Harry évitait de parler de
cette dernière dans ses échanges épistolaires avec sa demi-sœur.

---

[141] Ceci est faux. Babin est un ancien surnom d'un homme qui avait pour habitude de faire passer ses sentiments
en grimaçant — de la racine bab — exprimant une moue enfantine. *La revue française de généalogie et d'Histoire
des familles*, avril-mai 2005, p. 54.

Si les morts ne sortent jamais de leur tombe,
Il y a quelques fois des vivants qui viennent
parler pour eux.

M. Godefroy, avocat général
dans le procès de Landru

Il n'est point de secret que le temps ne révèle…

Racine
Britannicus, acte IV, scène IV

IX

QUI A TUÉ MARIE AGLAÉ ?

Cent quarante ans après les faits, nous ne savons toujours pas qui a tué Marie Aglaé Babin. Son assassinat n'a jamais été élucidé et le dossier a été classé depuis belle lurette. L'assassin ou les assassins ont pu vivre sans être inquiétés, sinon par leur conscience. Seulement deux personnes ont été mises en cause : Jérémie Babin, gardien de sa sœur, et un prétendu tenancier de pension de famille à Ottawa, Moïse Ledoux. Le nom d'aucune autre personne n'a été associé directement ou indirectement au meurtre de Marie Aglaé, si ce n'est celui de Job Babin, le frère du pasteur. Mais on a dit que celui-ci avait quitté Buckingham la veille de l'assassinat de sa sœur, ce qui l'a alors disculpé. Reste donc Jérémie Babin et Moïse Ledoux.

Un vieux dicton dit que le diable se niche dans les détails. Voyons voir. Pour déterminer lequel de Babin ou Ledoux est coupable de meurtre, commençons par étudier les apparences et les faits qui accusent les deux hommes du crime. Il va sans dire que la mort de la sœur du pasteur n'est pas due au hasard : Marie Aglaé a été noyée dans la rivière du Lièvre à un endroit libre de glace pendant une soirée du mois d'avril 1866. La jeune infirme ne pouvant pas se rendre par ses propres moyens à la rivière tant elle était handicapée, cela exclut le suicide et même l'accident. Et comme elle n'a pu descendre elle-même de la carriole qui l'a conduite à la rivière, il faut que sa mort ait été mûrie. Il y a donc eu meurtre prémédité et tant l'enquête du coroner que le procès l'ont reconnu. Mais qui a tué Marie Aglaé ? Avant d'étudier les soupçons qui pèsent sur l'insaisissable Moïse Ledoux, regardons d'abord les éléments qui incriminent ou innocentent Jérémie Babin.

Avouons-le, dans ce crime, toutes les apparences dénoncent Jérémie Babin. Oh ! Elles peuvent être trompeuses ! Cela est bien connu. Souvenons-nous toutefois que le pasteur a admis avoir confié sa sœur à un étranger sans même avoir visité les lieux où celle-ci devait désormais vivre et qu'il avait vertement réprimandé son frère Joseph quand celui-ci était venu lui confier Marie Aglaé. Mais ces faits ne font que montrer l'absence de compassion de Jérémie à l'égard de sa sœur et ne suffisent pas à eux seuls à faire d'un homme un assassin. En venant s'établir à Buckingham, en épousant la fille d'un pasteur britannique, Jérémie Babin avait tiré un trait sur sa vie passée. Il voulait bien participer financièrement à l'entretien de sa sœur, mais il ne voulait pas la voir. Il voulait vivre sa vie dans une nouvelle famille, celle qu'il fondait.

S'il y a des éléments qui incriminent Jérémie Babin, ce sont bien ceux qui entourent directement le départ de Marie Aglaé de Buckingham. Le soir du drame, Mary Ann Carson, la servante, est absente au moment du départ de Marie Aglaé ; sa maîtresse lui fait parvenir un message dans lequel elle précise qu'elle peut découcher ce soir-là. Le lendemain matin, Mary Ann se montre surprise à l'annonce du départ de l'infirme, étant donné qu'elle l'avait vue se préparer à se mettre au lit. Par conséquent, il est facile de conclure que Marie Aglaé ne savait pas qu'elle quitterait la maison de son frère ce soir-là. Ce fait ne prouve toutefois pas que Jérémie Babin a comploté la mort de sa sœur, sauf si on le juxtapose à quatre autres faits accablants.

Nous savons que Jérémie et sa sœur sont partis de la maison le soir du 12 avril 1866, entre vingt heures et vingt et une heures. Le pasteur a affirmé avoir emmené sa sœur à un point situé à 2 milles (3,2 kilomètres) du village en aval de la rivière du Lièvre à une date qu'il était incapable de préciser correctement. Là, il aurait remis Marie Aglaé à deux hommes, dont un aurait été Moïse Ledoux, qui devaient emmener la femme avec eux à Ottawa. Babin ne s'est même pas préoccupé de connaître le nom du second homme.

Le 25 juin 1866, le corps de Marie Aglaé est trouvé à 300 mètres, à vol d'oiseau, en aval de la maison du pasteur Babin, comme si celui-ci avait… remonté la rivière, ce qui est impossible en raison de la présence de la chute Dufferin. Peut-on croire que les assassins se soient dirigés vers Buckingham au lieu de descendre vers Ottawa, pour noyer la jeune femme ? Pourquoi se seraient-ils donné autant de mal ? Pourquoi auraient-ils pris le risque de noyer la victime si près du village ? Cela est d'autant plus invraisemblable qu'il faisait alors nuit et qu'il est peu probable qu'ils se soient aventurés sur la rivière, dans la noirceur et au moment du dégel, surtout qu'ils ne devaient pas connaître les lieux et encore moins l'état de la glace. Et il y avait bien d'autres endroits que les parages d'habitations, en cours de chemin, pour se débarrasser de Marie Aglaé.

Au lieu où le cadavre de la jeune femme a été repêché s'ajoute l'inopportunité de l'heure du départ de Marie Aglaé de la maison de son frère le soir de sa disparition. Le charretier Jean-Baptiste Valiquette a démontré, dans son témoignage, qu'il fallait environ sept heures, au mieux six heures sans arrêt, pour couvrir la distance Ottawa-Buckingham en hiver au moyen d'une carriole tirée par un cheval. On comprend mal alors que Ledoux ait été chercher la jeune femme à vingt et une heures, pour ensuite voyager de nuit à une époque de l'année (printemps) où les chemins, boueux, étaient sans aucun doute en mauvais état. Au mieux, il n'aurait pas pu atteindre Ottawa avant trois heures du matin !

Les autres faits accablants visent les déclarations du pasteur. Quand Jérémie Babin s'est confié à son confrère, John Seaman, peu après avoir identifié le corps de sa sœur trouvé dans la rivière, il a déclaré : « Ma carrière est ruinée […] » On s'explique mal cette affirmation si le pasteur n'avait rien à se reprocher. Pourquoi la noyade de Marie Aglaé aurait-elle mis fin à sa carrière s'il n'avait rien à voir avec sa mort ? Pourquoi déclare-t-il à son confrère : « Le coquin a peut-être changé d'identité et donné un faux nom. » Savait-il déjà que Ledoux serait introuvable ?

Dernier fait accablant : Jérémie Babin a été incapable de signaler aux autorités judiciaires l'adresse de Moïse Ledoux et l'endroit où était située la pension de famille prétendument localisée aux Chaudières. Par ailleurs, rappelons-nous que le pasteur n'a pas su nommer le prêtre dont le nom apparaissait sur le certificat de bonne conduite que Ledoux lui aurait montré. Comment croire en la transparence, en l'innocence même du pasteur une fois ces faits établis ?

Force est de reconnaître que les faits s'enchaînent pour ne pas dire s'imbriquent les uns dans les autres pour constituer un tout cohérent : Jérémie Babin demande à sa servante d'aller lui chercher des élastiques tout en lui permettant de découcher ce soir-là, sachant qu'elle profitera de l'occasion qui lui est donnée. Il oblige sa sœur à se rhabiller puis l'embarque dans sa carriole avec quelques effets personnels. Il quitte la maison avec elle pour ensuite engager sa carriole sur la rivière du Lièvre en glace, et ce, à 0,8 kilomètre, par voie de terre, au sud de chez lui. Il connaît relativement bien la rivière et sait qu'il y a une ouverture dans la glace pratiquée tout autour des caissons. Il y précipite sa sœur, de même qu'un coffre et d'autres effets, pour ensuite revenir à la maison. Dans cette succession de faits, il pourrait y avoir un problème : le pasteur pouvait-il tout faire lui-même, c'est-à-dire noyer l'infirme puis se débarrasser d'un coffre et d'autres objets ? Cela laisse supposer que Babin avait peut-être un complice : Job ou sa femme ?

Une chose est sûre : Babin a joué un rôle important dans la mort de sa sœur, soit comme assassin soit comme complice de l'assassin. D'ailleurs, on se demande pourquoi Jérémie tenait tant à placer sa sœur dans une pension de famille d'Ottawa alors qu'il aurait sans doute pu la loger à Buckingham. Lui et son frère Job n'avaient-ils pas eux-mêmes vécu en pension à Buckingham en 1864 ?

Ce n'est donc pas pour rien que les apparences jouent contre lui. Elles montrent combien cet homme était insensible. Dans une lettre datée du 8 octobre 1916 et adressée à Maude, fille issue de sa première union, son fils Harry, issu d'un second mariage, confirme l'insensibilité du pasteur :

Je crois comprendre quelque chose à l'égard de tes sentiments et attitudes par rapport à la lettre jointe de mon père. Elle ne montrait aucun intérêt pour tes intérêts et ta vie. En d'autres mots, il se montre indifférent à tes besoins et à ton tempérament. Il ne va pas à ta rencontre [...] mon père [...] fait montre d'un pauvre jugement dans sa façon de s'exprimer[142].

At the time of her graduation in Medicine, 1894.

13- La docteure Maud Babin dite Maude Abbott (1868-1940), fille de Jérémie Babin, a été une célébrité internationale dans le domaine des maladies du cœur. BAC C-009479.

Un homme privé d'affect pouvait-il tuer de sang-froid un membre de sa famille ? Sans aucun doute. À l'ouverture de la boîte qui tenait lieu de cercueil à Marie Aglaé, après son exhumation, des témoins ont rapporté

---

[142] Université McGill, bibliothèque Osler, Montréal, 438/52. Correspondance d'Harry et Eva Babin adressée à Maude Abbott. Traduction libre.

que le pasteur n'avait manifesté aucune émotion ; il avait affiché une indifférence absolue devant le cadavre en putréfaction de sa sœur. Aussi ne se donnera-t-il même pas la peine d'inscrire, dans les registres de son église, le décès de sa sœur.

À tous ces faits qui font du pasteur un suspect de premier choix, sinon un coupable, s'ajoute le mobile du crime. Qui donc autre que Jérémie Babin pouvait avoir intérêt à faire disparaître l'infirme ? Dans son livre intitulé *L'Affaire du dahlia noir*, l'ancien policier Steve Hodel écrit : « Tous les enquêteurs connaissent le vieil adage du *MOM* concernant trois éléments théoriques nécessaires à la résolution d'une affaire de meurtre : Mobile, Occasion, Moyens[143]. » Voyons le *MOM* de Babin. Il avait plus d'un mobile : il ne voulait pas de sa sœur chez lui et sa femme ne voulait pas avoir sous les yeux une personne difforme ! Pour ce qui a trait à l'occasion, le pasteur l'a provoquée, dès le départ de son frère Job, en chargeant sa servante d'aller chercher des élastiques en soirée, puis en lui faisant parvenir un message qui lui permettait de découcher. Enfin, il avait les moyens : une carriole, une rivière, une ouverture pratiquée dans la glace et une très bonne connaissance des lieux, puisqu'il empruntait le pont très régulièrement.

Comme si tous ces éléments, tous ces faits n'étaient pas assez convaincants, un journaliste du *Evening Telegraph*, journal de langue anglaise de Montréal, ajoute à son tour une pièce troublante au dossier Babin, pièce qui va jusqu'à mettre en cause l'honnêteté de l'avocat Bernard Devlin. On se souviendra que Stephen T. Pierce, cet ami indéfectible du pasteur Babin, avait voulu présenter au procès des fac-similés de fragments de papier, providentiellement trouvés près du presbytère anglican par sa fille et détruits dans l'incendie de sa maison. Il laissait entendre que ces morceaux provenaient d'une lettre de Moïse Ledoux à Jérémie Babin. Or, le journaliste de Montréal a eu l'idée de comparer l'écriture des fac-similés avec celle du pasteur. Le 2 mars 1867, il annonce que l'écriture apparaissant sur les fac-similés et celle du pasteur sont identiques. C'est donc Jérémie Babin lui-

---

[143] HODEL, Steve, *L'Affaire du dahlia noir*, Éditions du Seuil, 2004, p. 20.

même qui a imaginé et rédigé les fac-similés et non Pierce qui a, par le fait même, aussi menti au tribunal.

Ni les nombreux faits ni les mobiles n'ont pu faire condamner le pasteur, et ce, pour une raison fondamentale : le crime a été commis en l'absence de témoin oculaire. Ce défaut de témoin a permis à l'avocat Devlin de semer le doute dans l'esprit d'un jury qui, à vrai dire, n'avait peut-être déjà pas envie d'envoyer au gibet, à la potence, un ministre du culte, un « représentant de Dieu » sur terre.

Un procès truqué ?

Le pasteur Jérémie Babin aura bénéficié d'une étrange complaisance à son procès, lequel apparaît avoir été – appelons un chat un chat – truqué. Disons-le tout cru : le procureur Walsh n'a pas été à la hauteur de la situation. Ou bien il a eu peur d'envoyer à la potence un pasteur – ce qui aurait constitué une première dans l'histoire du pays –, ou bien on lui a ordonné de modérer ses transports, à moins qu'il n'ait simplement été incompétent à cause de son inexpérience. Pourtant, il devait savoir, en dépit de sa jeunesse, que les gens de bien sont très rarement exécutés, *a fortiori* un ecclésiastique ; au pire, ceux-là bénéficient habituellement d'une commutation de peine. Mais voilà, n'est-ce pas à cause de son inexpérience qu'on lui a confié l'accusation ? Quand on pense que son adversaire, Charles Devlin, qui s'était adjoint un autre homme de loi, avait la réputation d'être l'un des meilleurs avocats de son époque, alors que Walsh était laissé à lui-même, on constate que les forces en présence étaient bien inégales et que les autorités cherchaient sans doute à innocenter, coûte que coûte, le pasteur anglican.

Quoi qu'il en soit, la première faille dans le système d'accusation de Walsh a été de ne pas avoir, semble-t-il, fait rechercher, auprès du clergé catholique, le prêtre qui aurait remis à Moïse Ledoux un certificat de bonne conduite. Car si ce prêtre avait existé, le défenseur de Jérémie Babin l'aurait certes fait témoigner, n'en doutons pas. Or, il n'aurait pas dû être difficile de le trouver, car en 1866, il n'y avait que trois paroisses catholiques à

Ottawa : Notre-Dame, Saint-Joseph et Saint-Patrick, la troisième de langue anglaise. Les prêtres catholiques n'étaient pas très nombreux dans la capitale : au plus, une quinzaine, y compris ceux du Collège d'Ottawa. Si ce prêtre s'était révélé introuvable, cela aurait dû mettre en doute le témoignage du pasteur Babin.

Cette question de lettre de bonne conduite n'est pas la seule omission de Thomas Walsh. En effet, il n'a pas relevé l'inopportunité de l'heure du départ de Marie Aglaé de la maison de son frère le soir de sa disparition. Or, il avait été pourtant établi qu'il fallait environ sept heures, au mieux six heures sans arrêt, pour couvrir la distance Ottawa-Buckingham en hiver au moyen d'une carriole tirée par un cheval. Est-il possible que quelqu'un parti d'Ottawa soit allé chercher la jeune femme à Buckingham à vingt et une heures, pour ensuite revenir de nuit dans la capitale par des chemins boueux truffés d'ornières, et ce, sans s'arrêter dans un relais pour y faire reposer son cheval ?

Walsh aurait dû faire interroger les habitants qui demeuraient le long de la route reliant Buckingham à Ottawa, et plus particulièrement les lieux où les voyageurs faisaient reposer leurs chevaux. Mais en avait-il les moyens ? On ne le sait pas. Pas une fois il n'a tenté de démontrer l'absurdité, sinon l'invraisemblance de l'heure du départ de Marie Aglaé de Buckingham pour Ottawa. Seul un lecteur anonyme du *Montreal Weekly Witness*, identifié seulement par la lettre « L », n'a pas hésité à le souligner : « Les chemins en cette saison étaient très mauvais : la distance d'Ottawa est de 22 milles et il était impossible pour Ledoux de faire le trajet sans faire reposer son cheval.[144] » Et en dépit de la publicité accordée à cette sordide affaire de meurtre, pas un habitant du canton de Templeton ou de Hull n'est venu spontanément déclarer avoir vu une même carriole aller et venir de Buckingham les 12 et 13 avril 1866. Pourtant, il a bien fallu que Ledoux fasse reposer son cheval en quelque endroit.

[144] 8 février 1867.

Évidemment, les témoignages de dame Jolicœur et du policier Magloire Bérichon, auxquels le procureur n'a eu rien à opposer, semblent démontrer la présence de Ledoux à Ottawa. Et pourtant, en juillet 1866, le policier Francis Ritchie avait fait une enquête sur Ledoux, enquête qui avait conclu que ce patronyme était absent du rôle d'évaluation de la Ville ainsi que du rôle de la milice. Mieux encore, si Walsh avait consulté les annuaires de la ville d'Ottawa pour les années 1864-1865 et 1866-1867, il aurait pu constater que Moïse Ledoux y était aussi absent. Alors, comment dame Jolicœur et Magloire Bérichon ont-ils pu déclarer que Ledoux vivait à Ottawa ? Comment le révérend Strong a-t-il pu voir le nom de Ledoux sur le livre de compte de Durie's & Son si le premier ne vivait pas à Ottawa ?

Seul le mensonge permet d'expliquer le comportement du trio Bérichon, Jolicœur et Strong. Et ils n'ont pas été les seuls à triturer les faits. Pierce, cet ami inconditionnel de Babin, n'avait-il pas déclaré au tribunal : « J'ai fait, de mémoire, une copie de ces fragments [...] ». C'était les fragments de la lettre présumément écrite par Ledoux et détruite dans l'incendie de sa maison. Or, on l'a vu, l'*Evening Telegraph* a écrit que les fac-similés de ces fragments portaient l'écriture de Babin lui-même. Et que dire des témoignages de la servante, Mary Ann Carson ? Elle qui s'était montrée surprise du départ inopiné de l'infirme dira tout à coup, dans le contre-interrogatoire mené par Devlin, qu'elle savait que Marie Aglaé irait vivre dans une pension de famille.

Pourquoi ces gens auraient-ils menti ? Parce qu'ils y auraient été incités ou parce qu'ils auraient été payés pour le faire ? Ces questions prennent tout leur sens quand on apprend que John Joseph Caldwell Abbott était ce type d'avocat et de politicien qui aimait bien tirer les ficelles en coulisse. C'est dans son bureau que seront volés les documents qui permettront d'accuser de corruption le gouvernement de John A. Macdonald dans le scandale du Canadien Pacifique. Pire encore, il sera même surpris à essayer de corrompre un témoin pour discréditer les accusateurs dans cette fameuse affaire qui fera tomber le gouvernement conservateur en 1873. Ce même Abbott est-il intervenu auprès de témoins pour guider leur déposition ? Cette hypothèse n'est certainement pas à écarter.

Il y a bien des zones d'ombre dans l'affaire Babin. Il y a le juge qui a laissé Stephen Pierce lire les fac-similés de fragments d'une lettre sans en connaître ni le rédacteur ni la provenance. Il est vrai qu'il a par la suite ordonné aux jurés de ne pas en tenir compte dans leurs délibérations, mais le ver était dans la pomme et les propos s'étaient probablement incrustés dans leur cerveau, dans leur mémoire. Difficile alors d'en faire abstraction. Pourquoi Walsh n'a-t-il pas cité à comparaître les frères Job et Joseph Babin, les frères du pasteur ? Pourquoi n'a-t-il pas fait témoigner les commis de la papeterie John Durie's & Son ? On a l'impression que Thomas Walsh n'a pas eu les coudées franches au cours du procès de Babin, qu'il n'était pas en mesure de faire une enquête en profondeur. Pourquoi ? À cause des fonctions ecclésiastiques de Babin, à cause de pressions venant d'autorités supérieures ou encore à cause de ces deux raisons ? Peut-être bien que les défauts physiques de la victime conduisaient certaines personnes à penser que sa mort ne valait pas... la condamnation d'un pasteur, d'un parent des Abbott !

Et pourtant, le jury a sans doute bien fait d'acquitter le pasteur anglican : dans le doute, abstiens-toi dit un vieil adage. Le jury avait toutefois une autre raison que le doute pour acquitter Jérémie Babin. En effet, jamais, de mémoire d'homme, un ministre du culte n'avait été trouvé coupable de meurtre au Canada. Jamais un ministre du culte n'y avait subi la peine de mort. Envoyer un pasteur au gibet était alors chose impensable. Elle sera tout aussi impensable au moment de l'affaire Delorme, ce prêtre montréalais qui a assassiné son neveu en 1922.

Évidemment, quelqu'un a bel et bien assassiné Marie Aglaé Babin. Est-ce Jérémie Babin ou Moïse Ledoux ? Disons que Babin est la meilleure réponse possible à la vieille sentence du droit romain : « À qui profite le crime ? » Et nous allons comprendre pourquoi plus loin. Disons-le franchement : Jérémie Babin est l'exemple parfait de l'espèce humaine : capable du meilleur et du pire. Mais le pasteur faisait partie des vaches sacrées de ce pays.

Le secret de Jérémie Babin

Dans son adresse au jury, le juge Aimé Lafontaine a dit : « Maintenant, le plus important pour vous est d'établir qui a commis le meurtre. » Comme Babin a été innocenté, Moïse Ledoux est devenu le coupable tout désigné. Mais l'était-il ? Analysons les faits pour voir. Une seule personne l'a vu dans les parages de la scène du crime et c'est Jérémie Babin. Aucune autre. C'est là un fait irréfutable. Deux personnes seulement ont déclaré que Moïse Ledoux tenait une pension de famille : Jérémie Babin et la dame Jolicœur. Quatre personnes ont témoigné de l'existence de Moïse Ledoux : Jérémie Babin, dame Jolicœur, le policier Magloire Berrichon, lesquels ont affirmé le connaître et l'avoir connu, ainsi que le révérend Samual Strong, qui a déclaré avoir vu le nom de Ledoux sur le livre de compte de John Durie's & Son. Or, si les preuves circonstancielles à l'encontre de Babin n'ont pu faire condamner le pasteur, on ne voit pas quels faits auraient pu condamner Moïse Ledoux pour la mort de Marie Aglaé Babin. C'est, on le voit bien, un nonsens. D'autant plus que certains témoignages sont contredits par des faits.

L'avocat Devlin n'a pas hésité à accuser Moïse Ledoux de ce meurtre à partir des seules affirmations de son client, Jérémie Babin. Quel intérêt aurait pu avoir Moïse Ledoux dans la mort de la jeune handicapée ? Le vol ? Peut-être. À moins qu'il n'ait été tout simplement payé pour faire disparaître la jeune femme infirme. On a eu beau dire qu'il était un méchant homme, mais encore faudrait-il définir le mot méchant. Et il y a une marge entre avoir un mauvais caractère et avoir des instincts de tueur. Or, Ledoux n'avait pas besoin de tuer Marie Aglaé pour garder les soi-disant 50 dollars que lui aurait remis le pasteur. Il n'avait qu'à abandonner la femme infirme le long de son trajet et disparaître comme on l'a accusé de l'avoir fait.

Ledoux, en admettant son existence, ne connaissait pas plus Buckingham que la rivière du Lièvre. Comment aurait-il pu se diriger, dans la nuit sous un ciel nuageux, sur une mince couche de glace pour emmener Marie Aglaé près d'un caisson situé dans la rivière et l'y noyer. Comment pouvait-il savoir qu'il y avait un espace libre de glace autour des caissons ? Sans l'aide et la participation de Jérémie Babin, cet exploit était bien malaisé à réaliser, car, à cette époque, ni les rues ni les chemins de l'agglomération n'étaient éclairés.

Mais qui était donc Moïse Ledoux, cet ogre, cet assassin que l'on n'a jamais réussi à arrêter ou même retracer ? Le propriétaire d'une pension de famille, selon Jérémie Babin et dame Jolicœur ; un personnage qui aurait même résidé rue Saint-André, dans la basse-ville d'Ottawa en 1865, selon le policier Bérichon et dame Jolicœur ; un homme de taille moyenne, 5 pieds et 8 pouces à 5 pieds et 9 pouces (1 mètre 72 à 1 mètre 75), âgé de 40 à 45 ans, cheveux bruns, poils courts sur la partie inférieure de son visage, vêtu d'un paletot foncé et coiffé d'un chapeau, a précisé Babin. Et pourtant, le personnage s'est volatilisé. D'ailleurs, aucun registre de paroisse d'Ottawa ne mentionne ce patronyme, pas plus que les annuaires de la ville pour les années 1864-1865 et 1866-1867.

Quelle sorte d'enquête les autorités policières d'Ottawa ont-elles faites sur Moïse Ledoux ? Ont-elles posé des questions à ses voisins, à ses voisines ? Ont-ils interrogé les enfants de la rue Saint-André qui auraient dû avoir des rapports avec ceux de Ledoux s'il avait vécu à Ottawa ? Plus encore, les limiers ont-ils fait le tour du clergé ottavien pour dresser un portrait du prétendu assassin de Marie Aglaé Babin ? Chose assurée, un seul policier a comparu au procès de Babin et on ne peut dire que son témoignage a été probant.

En effet, il était par trop facile d'affirmer que Ledoux avait tué Marie Aglaé, d'autant plus qu'on ne pouvait pas lui trouver un mobile plausible autre que celui du vol. Et pourquoi diable Moïse Ledoux aurait-il vécu dans la basse-ville tout en ayant une pension de famille aux *Flats* quand on sait que ces deux quartiers sont éloignés l'un de l'autre de trois kilomètres ? Ce n'était pas dans les habitudes de l'époque d'avoir des propriétés si éloignées l'une de l'autre, surtout si on devait partager son temps entre les deux. Babin et Jolicœur ont eu beau clamer que Ledoux exploitait une pension de famille, aucun n'a su la localiser. Son existence n'a donc pas été établie hors de tout doute.

Si Jérémie Babin a accusé Moïse Ledoux du meurtre de la jeune infirme, il devait avoir une bonne raison de le faire, une raison stratégique : jamais on ne parviendrait à mettre la main au collet de ce personnage. D'autant plus qu'il en avait communiqué aux autorités judiciaires une description trop vague pour en permettre l'arrestation. Sachons que mentir est bien souvent le credo de l'accusé, du coupable. Il ment pour se protéger, pour protéger un conjoint ou un ami, par faiblesse ou par désespoir. Et Jérémie Babin a sciemment menti. Il aurait pu en dire beaucoup plus long sur Moïse Ledoux. Car Ledoux a bel et bien existé, c'est on ne peut plus vrai. Il était même originaire de Belœil. Et ça, Babin le savait. Il devait même très bien connaître cet homme qui avait résidé dans la seigneurie de Rougemont, et nous allons voir pourquoi.

La myopie des autorités judiciaires d'alors – ou des ordres venant des autorités supérieures, peut-être ? – n'a pas permis d'établir de liens entre Babin et Ledoux. Il faut convenir que les autorités étaient peu outillées, surtout en région, pour mener une enquête approfondie. Quant à la police d'Ottawa, elle était d'une incompétence criante et composée d'effectifs plus musclés qu'instruits. En 1869, par exemple, au procès de James Patrick Whelan, condamné pour le meurtre du député montréalais Thomas D'Arcy McGee, le policier Pinard déclarera : « j'sais pas lire, moi[145] ! » Et tant les journaux anglophones que les policiers confondaient le patronyme Ledoux avec ceux de Ledeau et Leduc. Pourtant, si Walsh avait été un peu plus curieux – le pouvait-il ? – il se serait demandé qui était ce Pinsonnault dont Stephen Pierce avait mentionné le nom au cours du procès. En dressant une courte généalogie du pasteur, il aurait assurément trouvé un lien entre les Babin, Ledoux et Pinsonnault. Car si la mère de Babin était une Pinsonnault, l'épouse d'un certain Ledoux était, elle aussi, une Pinsonnault !

Aussi, un dénommé Moïse Ledoux a-t-il vu le jour à Belœil le 18 janvier 1817 du mariage de Pierre Ledoux avec Archange Brodeur. Vingt-et-un ans plus tard, c'est-à-dire le 26 novembre 1838, en l'église Saint-Mathieu à Belœil, ce même Ledoux épousait une certaine Cléophée Pinsonnault. Originaire de Saint-Valentin, une paroisse située à quelques kilomètres de l'endroit où Jérémie Babin a lui-même grandi, Cléophée était la sœur de

---

[145] SLATTERY, T. P., *They've got to find me guilty*, Toronto, Doubleday Canada Ltd, 1972, p. 107.

Flavie Pinsonnault, c'est-à-dire la sœur de la mère de Jérémie Babin, donc sa tante ! Le pasteur s'est toutefois bien gardé de faire connaître son lien de parenté avec le prétendu assassin de sa sœur. Pourquoi Jérémie Babin a-t-il accusé son oncle du meurtre de sa sœur ? Parce qu'il savait ce dernier introuvable ou par vengeance ?

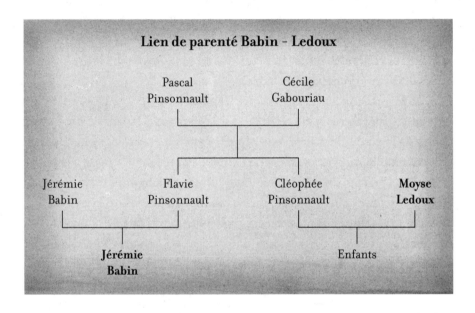

Où était Moïse Ledoux au moment de la mort de son infortunée nièce, Marie Aglaé Babin ? Il était loin, très loin : aux États-Unis où il s'était établi avec sa famille en... 1853[146] ! Sa famille était composée de huit enfants dont un, Théophile, né à Millbury, Massachusetts, en 1855. En 1860, Moïse Ledoux était travailleur agricole à Warwick, au Rhode Island et, en 1870, il demeurait toujours aux États-Unis, mais à Worcester, au Massachusetts[147]. De plus, il ne savait ni lire ni écrire, ce qui indique qu'il n'a pas pu écrire à

---

[146] Des recensements étasuniens, s'échelonnant de 1860 à 1920 et dans lesquels apparaissent ses enfants, prouvent qu'il s'est établi aux États-Unis en 1853.
[147] United States Federal Census, 1860, Warwick, Kent, Rhode Island ; United States Federal Census, 1870, Worcester, Ward 3, Massachusetts ; United States Federal Census, 1910, Woonsocket, Providence, Rhode Island.

Babin et qu'il n'était sans doute pas un client de la papeterie John Durie's & Son. Non seulement Ledoux n'a-t-il sûrement pas assassiné sa nièce, mais il n'a vraisemblablement pas été non plus complice de son assassinat.

Évidemment, il n'y avait pas qu'un seul Moïse Ledoux au Québec au XIXe siècle. Cependant, les diverses bases de données généalogiques québécoises, dont BMS 2000 et le dictionnaire Drouin, comptent fort peu d'hommes de ce nom, et aucun marié avant 1880 ! On peut donc raisonnablement croire que Jérémie Babin a donné ce nom aux autorités judiciaires parce qu'il savait que son oncle vivait aux États-Unis et que l'on ne pouvait que bien difficilement l'y trouver.

Ainsi, il est peu vraisemblable que Moïse Ledoux ait eu quelque chose à voir dans l'assassinat de Marie Aglaé Babin. De deux choses l'une : ou bien Jérémie Babin a assassiné sa sœur seul, ou il a bénéficié de la complicité d'un personnage dont il n'a pas dévoilé l'identité réelle. Son complice ? Soit son frère Job, qui n'avait peut-être pas encore quitté Buckingham et qui aurait pu jouer le rôle attribué à Moïse Ledoux, soit son épouse ou même les deux, car il était difficile pour un homme seul de transporter une femme jusqu'à la rivière sans que celle-ci ne fasse l'impossible pour échapper à la mort. Chose certaine, Babin a menti plus d'une fois et nous pouvons affirmer, sans risque de faire erreur, qu'il a joué un grand rôle dans la mort de Marie Aglaé dont il est vraisemblablement l'assassin.

Quand Babin a noyé sa sœur, il n'a jamais pensé un instant, jamais au grand jamais, que son corps pouvait être trouvé et, surtout, si près de sa résidence. Il était convaincu qu'il serait emporté par le courant et peut-être même charrié jusqu'à la rivière des Outaouais à la fonte des neiges, de même que broyé par les glaces. Mais voilà, le corps est resté accroché, sans doute par un vêtement, à un caisson et ne s'en est détaché qu'au début de l'été, soit près de deux mois et demi après le crime. Quand on l'a interrogé sur le départ de sa sœur, il lui a fallu monter une histoire et le seul nom qui lui est venu à l'esprit est celui de Moïse Ledoux, son oncle, car il savait que celui-ci serait introuvable. Avec Pierce, son âme damnée, il a dressé toute une correspondance, un théâtre même, et est allé jusqu'à fabriquer de faux fragments d'une lettre, déchirée et jetée aux quatre vents quatre mois plus tôt, retrouvés par hasard par une fillette… sourde et âgée de quatre ans. Trop jeune pour témoigner, elle était aussi sans doute incapable de s'exprimer… La personne idéale pour retrouver de faux fragments !

Il n'est même pas assuré, hors de tout doute, que Marie Aglaé ait été noyée. Car si son cerveau avait manqué d'oxygène, ce qui est le cas dans une noyade, il y aurait eu une congestion marquée de la surface du cerveau. Or, le docteur Sauvé ne mentionne que de « très légères marques de congestion à l'enveloppe du cerveau ». Il ne pouvait confirmer son diagnostic de noyade parce que les poumons étaient décomposés. Elle aurait pu être empoisonnée avant d'avoir été jetée à l'eau. Mais comme les médecins n'ont pas analysé l'estomac, nous ne le saurons jamais. D'ailleurs, rien n'indique que les autorités ont procédé à une fouille de la maison du pasteur dans le but d'y trouver un poison quelconque. Cela laisse songeur… Reste que l'autopsie a montré que le corps de Marie Aglaé n'était marqué que d'un seul bleu, à la cheville droite, ce qui tend à montrer que la victime ne se serait pas débattue. Deux raisons peuvent expliquer cette absence de marques : ses vêtements ont protégé son corps de marques de lutte ; il n'y a pas eu lutte parce qu'un poison ou une drogue l'avait rendue inconsciente avant qu'elle ne soit précipitée à l'eau.

Les morts ne peuvent réclamer que justice soit faite.
C'est aux vivants de le faire à leur place.

Lois McMaster Bujold
Immunité diplomatique – La Saga Vorkosigan

ÉPILOGUE

Vingt-cinq novembre 1913, vingt et une heures trente. Jérémie Babin déambule sur Main Street à Cincinnati. La marche inéluctable du temps a charrié le pasteur aux limites de sa vie. Ses sens sont affaiblis et ses réflexes ont ralenti. Il commence à traverser la Fifth Street sans voir arriver une automobile qui le heurte durement. Le pasteur s'affaisse dans la rue. On le transporte à l'hôpital municipal où les médecins affichent leur pessimisme sur les chances qu'ils ont de le sauver[148].

Soixante-seize coups ont sonné à l'horloge de la vie du pasteur et la plupart des siens, à part ses enfants, sont déjà décédés, y compris son épouse qui a été internée à l'Ohio Hospital for Epileptics vers 1900. Dans cet hôpital de 1 060 lits, situé à Gallipolis, on soignait non seulement les personnes épileptiques, mais aussi les aliénées !

---

[148] *Cincinnati Enquire, Kentucky edition* (Cincinnati), 26 novembre 1913.

14- La pierre tombale de Jérémie Babin au
cimetière Evergreen, Newport, Kentucky.
Photographie de Jerry Allen Moore.

Son père est mort à Kankakee, en 1881, après avoir apparemment divorcé
de sa troisième épouse, une certaine Caroline Lepage. Son frère cadet,
Joseph, est mort de tuberculose en 1883, à Kankakee où il avait une ferme.
Jean Osias, lui, a fait carrière dans la marine étasunienne. Engagé en 1865,
il a gravi les échelons jusqu'au grade de contre-amiral. Son corps repose au
célèbre cimetière d'Arlington depuis 1907[149]. Job vit toujours à Kankakee où
il pratique le droit, alors que la trace de François se perd à Medecine Lodge
au Kansas où il était *stock raiser*. Sa demi-sœur, Ida, qu'il n'a sans doute
jamais connue, est institutrice à l'école publique de Kankakee. Quant à son
demi-frère, Walter, on ne sait pas ce qu'il est advenu.

Les enfants de Jérémie vivent tous. Si Alice souffre d'une psychose
maniaco-dépressive, Maude, qui a obtenu un diplôme en médecine en 1894,
est devenue une sommité internationale dans le domaine des maladies car-
diaques quand elle a écrit, en 1907, *Systems of modern medicine*. Et en 1910,
elle est nommée maître de conférences en pathologie. Elle commencera,

---

[149] Communication d'André B. Sobocinski, Office of the Historian and Navy Medicine Magazine, États-Unis,
23 décembre 2003.

en 1916, une correspondance suivie avec son demi-frère Harry. Des enfants du second mariage, on sait que Flavie est devenue institutrice, que Fredric est machiniste, Harry, pasteur épiscopal et Louis, vendeur. Quant aux deux autres filles, Euphémie et Catherine, la première a épousé un comptable et la seconde un pharmacien.

- FAUSSE ANNÉE DE NAISSANCE -

Étrangement, tous les biographes et toutes les notices biographiques de Maude Abbott lui attribuent le 18 mars 1869 comme jour de sa naissance. Même la pierre tombale de Maude indique qu'elle est née en 1869. Et c'est inexact. En effet, les registres des baptêmes, mariages et sépultures de la paroisse Christ Church, de Saint-André d'Argenteuil, sont catégoriques : Maude, qui écrivait son nom avec un « e », est née en 1868 : *Elisabeth Maud Seymour daughter of Jeremy Babin Clerk and his wife Elisabeth Bayley Abbott was born on the eighteenth day of March Anno Domini one thousand Eight hundred & Sixty Eight and was baptised on this twenty four day of May following, by me: Rhc. Lonsdale, Rector of St. Andrews. Sponsors: Jane M Baruster, Elisabeth C. Pyke, George Simpson.*

John Caldwell Abbot, le cousin germain par alliance de Jérémie, a succédé à John A. Macdonald comme premier ministre du Canada en 1891 après avoir été maire de Montréal en 1887 et 1888. Il a aussi été le président du Royal Victoria Hospital et de la Citizen Insurance Company de même que directeur de la Banque de Montréal et de la Standard Life Company. Il est mort le 30 octobre 1893, à Montréal, peu après s'être converti au... catholicisme !

Jérémie Babin n'a plus que quelques heures à vivre ; il souffre d'une fracture du crâne. A-t-il le temps, le pouvoir d'avoir une pensée pour les siens, pour sa sœur Marie Aglaé assassinée 47 ans plus tôt ?

La poétesse Margaret McDougall avait écrit :

> Il revit encore et encore
> Ce moment d'affreuse angoisse
> Quand les cris ont surgi […]

En tout cas, il ne reprend pas conscience et rend l'âme le 28 novembre. Cinq jours plus tard, il est inhumé au cimetière Evergreen de Newport au Kentucky[150]. Alors que le nom de Jérémie Babin apparaît sur deux pierres tombales, la sienne et celle de sa première épouse, celui de Marie Aglaé n'aura été gravé nulle part.

15- L'acte de décès de Jérémie Babin.

---

[150] Bureau of Vital Statistics, Certificate of Death, Local Registrar, City of Cincinnati, November 30, 1913.

Où commence le mystère finit la justice.

Edmund Burke

CONCLUSION

La mystérieuse affaire Babin n'est pas aussi obscure qu'elle en a l'air quand on se met à scruter les arcanes familiaux de l'homme d'Église accusé d'avoir assassiné sa sœur, Marie Aglaé. On comprend alors que si le pasteur – et son complice, s'il y en a eu un – a échappé à la condamnation, c'est à cause de son statut de ministre du culte et de ses puissantes relations familiales et politiques. Un pasteur n'est-il pas, par nature, innocent ? Pour sa défense, il a bénéficié des meilleurs avocats montréalais de l'époque. Or, on le sait, si le procureur de la Couronne doit être à la recherche la vérité, l'avocat de la défense, lui, n'a qu'un seul rôle : celui de gagner sa cause. Cela lui permet de jouer le rôle de comédien payé pour présenter les faits au travers d'un miroir déformant tout en protestant que chacun des actes qu'il pose est motivé par « l'intérêt supérieur de la justice »[151].

----

[151] HAUSER, Thomas, *The Trial of Patrolman Thomas Shea*, cité par Claude Jodoin dans *Mes aveux sur le Clan Dubois*, Montréal, Les éditions Quebecor, 1986, p. 138.

Dans l'affaire Babin, le procureur de la Couronne, Thomas J. Walsh, n'a eu guère de moyens pour établir, hors de tout doute raisonnable, la culpabilité de l'accusé. Aucune enquête policière n'ayant été conduite, et ce, simplement parce que la police d'enquête était alors quasiment inexistante au Canada-Uni, c'est donc avec les témoignages produits à l'enquête du coroner, six mois plus tôt, que Walsh a mené le procès et tenté de convaincre le jury que Jérémie Babin avait envoyé *ad patres* sa sœur infirme.

L'affaire Babin étant résolu aussi bien que faire se peut, compte tenu de la documentation conservée depuis 1866, une question nous vient rapidement à l'esprit : Jérémie Babin aurait-il été innocenté s'il avait commis son crime aujourd'hui ? À première vue, non, et ce, parce que l'État dispose de forces policières qui feraient rapidement enquête, qui n'hésiteraient pas à interroger, à maintes reprises s'il le fallait, suspects et témoins et à communiquer avec d'autres corps de police pour retrouver le mystérieux Moïse Ledoux. Ainsi, ce dernier serait rapidement localisé et son alibi minutieusement étudié. Les services techniques de la police passeraient au crible la maison du pasteur et analyseraient rigoureusement les fameux supposés fragments de papier à lettres déposés en cour par Stephen Pierce, l'indéfectible ami du pasteur Babin. De plus, la médecine légale, qui possède aujourd'hui de puissants outils, ferait « parler » le cadavre de la victime, Marie Aglaé.

En dépit de tous les outils à la disposition de la justice moderne, il est aussi permis de croire que l'affaire pourrait aujourd'hui avoir une conclusion semblable à celle qu'elle a eue en 1867. Pourquoi ? Simplement parce que l'erreur est humaine et que là où il y a des hommes, quel que soit leur statut, il y a de l'« hommerie », c'est-à-dire de la mauvaise foi. Pensons aux nombreuses erreurs judiciaires de la justice canadienne, révélées par la presse ces dernières années, où des innocents ont été envoyés au bagne pour des crimes qu'ils n'avaient pas commis, et aux nombreux crimes perpétrés impunément – 637 assassinats, de 1971 à 2006, sur le territoire de Montréal. Ces erreurs sont souvent commises par des policiers, des magistrats et des médecins brouillons ou incompétents, mais aussi par des gens de loi et des témoins qui ont intérêt à tromper la justice, à protéger les meurtriers.

Peu d'années après avoir été innocenté, Babin a abandonné sa famille pour s'en créer une seconde au pays de l'oncle Sam. A-t-il eu une vie heureuse à partir de ce jour ? A-t-il été assailli par des remords qui auraient ainsi gâché sa vie ? Voilà des questions auxquelles seule une autre enquête pourrait répondre. Et qui sait si le présent ouvrage ne la provoquera pas et ne mettra pas au jour des documents inédits ?

ANNEXE I

ANC MG3o B48

.

Aylmer

July 26th 1866

My dear Sir,

I have a very great favour to ask at your hands which I trust you will not refuse.

It would NOT do, I am told for the Hon. John Abbott to become bail for me, and that for two reasons: First, because he is a lawer by profession; and, 2nd, because he is my Council and is to plead my case. The last appears to be the greatest obstacle and almost precludes the possibility of his doing me this kindness. — Now, my dear Sir, I understand that you would be very acceptable and such a step on your part would be of incalculable value to me. It would Show that though the Verdict which has consigned me, for the time being at least, to these ungrateful, awful and lonely cells, was signed by the 22 jurors, it was not the unanimous opinion of those gentlemen that I was maliciously and feloniously the murderer of My unfortunate sister that some of the jurymen considered me only the remote cause of her death. Such ~~the~~ conduct would […] the remarks made in some quarters and avail the injury to me which must be apprehended from such statements as have already appeared in the Ottawa Citizen. M[r] McLeod tells me there will be no difficulty in obtaining bail; but should you accede to My request I shall consider it a great boon.

Ferociously praying for a favourable answer and urgently craving for an Early reply.

Yours , my dear sir, in deed distress, very sincerely

JW Babin

ANNEXE II

ANC, RG4, C1, Provincial Secretary's Office Canada-East (P.S.O. C.-E.) 1867, vol. 604, n° 427.

No 427

Secretarys' Office, L. C. 1867

Revd. Jérémie Babin through
H$^{oe.}$ J.J.C. Abbott, M.P.P.
Montreal 14/15 March

For offer of reward for
Apprehension of Moise Ledoux
Or authors of Murder of his
Sister.

Ack$^{ed.}$
Secretary's Office
15th March
Referred to the Honorable
The Attorney General for
Report.
By command,
U. Laryn
Ast secretary

Montreal 14th March 1867

Sir

I have the honor to [...] the petition of the Reverend Jeremie Babin, and to express a hope that His Excellency will give its prayer a favorable Consideration.

Your obed Servant
JJC Abbott

The Attn
The Provincial Secretary

To the Hon. Sir John Michel, Bail, the Administrator General of British North America

May I please your Excellency

The Memorial of the Rev, Jérémie Babin, B. A., Church of England Minister in Priests Orders, here before of Buckingham in Lower Canada, and now St Andrews, also in Lower Canada.

Respectfully iheweth:

That on about the 12th of April Last, he, the undersigned, confided charge of his sister, Marie Aglaé Babin, a cripple unable to walk who had been in the habit of boarding away from the rest of the family for the last seven years, to Moïse Ledoux of Ottawa City, Boarding house Keeper, with whom he had made previous arrangements for her board and lodging in his family, and that on the said day the said Moise Ledoux also received from you Petitioner the trunk of the said Marie Aglaé Babin and her Invalid's Chair together with $30^{00} in advance for her board and $20^{00} to enable her to provide herself with clothes and bedding, and left for the City of Ottawa the place of his residence.

That about a week later your Petitioner received a note from the same Moise Ledoux, informing his of her safe Arrival in his own house and stating the she was well and content.

That on the 25th of June last, her body was found in the River Lièvres in the Village of Buckingham, and that after identification by Your Petitioner and a Post Mortem Examination, the doctors were of opinion that the body had been put alive in the water and that she had come to her death by drowing.

That your Petitionner immediately caused search to be made for the said Moise Ledoux whereupon it was discovered that he had absconded during the said month of April, and that, with Very exertion in his power, Your Petitioner has since been unable to find him.

That by the verdict of the Coroner's Jury empanelled to investigate the cause of the death of the said Marie Aglaé Babin, Your Petitioner was indirectly, but most unjustly accused of having been the cause of her death, and that the said Moïse Ledoux was also thereby declared to have been an accessory before the fact.

That your Petitioner has since been put on his trial upon the said charge and has been honorably acquitted by a Jury of his Country; and that he is now desirous of prosecuting the search for the said Moise Ledoux whom he firmly believes to have been guilty of the said crime.

That by reason of the said false charge and the prosecution thereof, Your Petitioner has lost his Mission of Buckingham aforesaid, that he has expended all his Means in providing for his defense; and that he is therefore unable to prosecute the search for the said Ledoux in a manner that will be likely ~~to procure~~ to further the ends of Justice and procure his arrest.

Therefore, Your Petitioner humbly prayeth that a reward be offered by Government for the apprehension of the said Moïse Ledoux, or the author or authors of the fearful Crime which brought his poor sister to an [...] end.

And Your Petitioner shall ever pray.

Jérémie Babin

St Andrews, C.E.
Feb. 25th 1867

ANNEXE III

Deux versions du poème *A Legend of Buckingham Village* ont été publiées. La première, qui ne compte que 14 strophes et 356 mots, a paru dans le journal ottavien *The Ottawa Citizen* du 18 février 1867. Bien que signée « Clarence », nous savons qu'elle a été écrite par Margaret Dixon McDougall qui en publiera une autre version dans le recueil *From Verses and Rhymes by the Way*[152]. Cette version, considérablement plus longue que celle imprimée dans le journal ottavien compte 35 strophes et 900 mots. Elle a été écrite entre 1868 et 1880, car l'auteur semblait savoir que le pasteur Babin avait quitté le Canada, d'une part, et que le poème a été publié en 1880, d'autre part[153]. On remarquera que le poème a considérablement été retravaillé dans sa seconde version qui compte deux parties.

Née en 1826, Margaret Dixon McDougall est décédée en 1898.

Première version

A LEGEND OF BUCKINGHAM VILLAGE[154]

Up on the dashing Du Lièvre,
Brawling and surging away,
Over the falls, through the rapids,
Throwing up showers of spray.

Eddying, whirling and foaming,
Breaking o'er the rocks to the shore,
Leaping, and thundering onward
With the sound of a cataract's roar

---

[152] L'auteur remercie M. Mario Bastien qui lui a fait connaître cette version du poème.
[153] À Pembroke, Ontario.
[154] *The Ottawa Citizen* (Ottawa), 18 février 1867.

157

Here is the Buckingham Village
Built on these waters of strife,
Here is where Minister Babin
Stood preaching the Gospel of Life.

The message of love and of mercy.
Glad tidings of freedom and peace
Help for the hopeless and helpless
For the weary both rest and release

Was his message all noise like the rapids?
And empty and light as the foam?
Ah! what thought the desolate inmate
Of the still, upper-room of his home?

One too many, alone, and unwelcome,
Reclinded in the invalid chair,
Her pale, busy fingers still knitting
Yarn mingled with sorrow and care.

And the brother stood high in the pulpit,
Up there in the neat village church,
And preached of the pool of Bethesda
Where the lame man lay in the porch.

Watching till the invisable mercy
Would healing and blessedness bring,
Those soft waters never were troubled
Until swept by the angel's wing.

Was that cottage home a Bethesda?
Was the porch up the narrow stair?
Was the lonely sister's musings
Made bright by a brother's care?

Who knows, for the chair is empty,
And the impotent girl away,
And night and darkness covered
The deed from the light of day.

Did she struggle for dear existence?
Did the night winds hear her cry?
'Ere the pitiless, surging waters,
Smothe red her agony?

And then, when the whirling eddy,
Drew her down to its rocky bed,
Who was it stood remorseless
On the strong ice overhead?

Oh! men may strike hand to hide
And join to call evil good,
But as the roar of the waters
Is the cry of our sister's blood.

Their mirth and song and music
May sound to the starry skies;
They will not stifle the gnawing
Of the worm that never dies.

CLARENCE

Seconde version

A LEGEND OF BUCKINGHAM VILLAGE

PART I

Away up on the River aux Lievres,
    That is foaming and surging always,
And from rock to rock leaping through rapids
Which are curtained by showers of spray;

That is eddying, whirling and chasing
    Ail the white swells that break on the shore;
And then dashing and thendering onward,
    With the sound of a cataract's roar.

And up here is the Buckingham village,
    Which is built on theses waters of strife;
It was here that the minister Babin,
    Stood and preached of the Gospel of Life;

Of the message of love and of mercy,
    The glad tidings of freedom and peace,
Of help for the hopeless and helpless,
    For all weary one rest and relief.

Was his message all noise like the rapids?
    Was it empty and light as the foam?
Ah me! What thought the desolate inmate
    Of the still upper room of his home?

One too many, one sad and unwelcome,
    That reclined in an invalid's chair,
With her pale, busy fingers still knitting
    Yarn mingled with sorrow and care.

And the brother stood up in the pulpit,
    Stood up there in the neat village church,
And he preached of the pool of Bethseda,
    Where the poor lame man lay in the porch.

Waiting for the invisible mercy,
    That shall healing and blessedness bring;
For those soft waters never were troubled,
    Until swept by the life angel's wing.

But was that cottage home a Bethesda?
    Was the porch up the dark narrow stair?
Were the thoughts of the lonely sister
    Brighter made by a fond brother's care?

Ah, who knows! – for the chair now is empty,
    And the impotent girl is away;
While the night and the darkness covered
    Such a deed from the light of the day.

Did she struggle for her dear existence?
    Did the wild night winds bear off her cry?
Ere the pitiless, swift surging waters,
    Caught and smothered her agony;

And again when the black, whirling eddy,
  Drew her down to its cold, rocky bed,
Who was it the stood so remorseless
  On the strong ice arched over her head?

Men may join and strike hands to hide it,
  Agree to say evil is good;
Mingled with the loud roar of the waters,
  Rings the cry of our lost sister's blood.

Mirth and song, and untimely music,
  May sound up to the starry skies;
Nought of earth can stifle the gnawing
  Of that dread worm that never dies.

PART II

Away in a distant city,
  Is a stranger all unknown;
Far, far from the leaping river,
  That is rushing past his home.

He lay in the stilly silence
  Of a quiet, drakened room,
Feeling that the dread death agnel
  Stands in the gathering gloom.

One foot on shadowy waters,
  One foot on the earthly shore;
He swears to the shrinking mortal,
  That his time shall be no more.

The spray of the silent river,
    Is cold beaded on his brow;
For Jordan's billowy swellings
Are bearing him onward now.

He is floating in the darkness,
    Going with the shifting tide;
And there is the seat of judgment,
    Waits him at the further side.

But his eyes are looking backward,
    In pauses of mortal strife,
And he sees the quiet village,
    Where he preached the word of life.

And he sees the pleasant cottage,
    To which in the flush of pride,
The popular village pastor,
    Brought home a most haughty bride.

But ever the comes another,
    With a pale and pleading face;
So helpless and so unwelcome,
    A burden and a disgrace.

And the river roars and rushes,
    Leaping past with fearful din;
Its ever foaming caldron
    Suggesting a deadly sin.

Saying. "I am partially sheeted,
    In the winter' ice and snow;
What's plunged in my dashing waters,
    No mortal shall ever know."

So ever with nervous fingers,
    He harnesses up his sleigh;
So ever with stealthy movements,
    He travels the icy way.

And stops where the yawning chasm,
    Shows the yawning wave beneath,
And she knows with sudden horror,
    That she has been brought to her death.

Her weak hands cling to his bosom,
    His ears are thrilled with her cry;
When the last struggling strength went forth
    In that shriek of agony.

So his most unwilling spirit,
    Still travels memory's track,
Despair staring blindly forward,
    Remorse ever dragging back.

Again he walks by the waters,
    While innocent mortals sleep,
Asking the pitiless river,
    The horrible deed to keep.

Spring comes and the ice is breaking,
    Does it break before its time
Then he knows on God's fair footstool
    No shelter there is for crime.

For the rushing, tempting waters,
    Have got an accusing roar;
The treacherous sweeping eddy
    Has brought the crime to his door.

Then he lives over and over,
    That moment of anguished dread,
When the cry arose – a westruck hands
    Had found and borne off his dead.

Thus he, conscience-lashed and goaded,
    Feeling the murderer feels,
Has reached the last, last sopt of earth,
    The Avenger at his heels.

Ah me! To plunge in those swellings,
    Along with that ghastly face;
Going out on unknown waters
    In the clinging dread embrace.

So he floated on to judgment,
    What award may meet him there,
Who knows – but his earthly punishment
    Was greater than he could bear.

ANNEXE IV

Acte de baptême de Maud Elisabeth Seymour Babin dite Maude Abbott

BIBLIOGRAPHIE

Archives

BAC, MG30 B48, fonds John Alexander Simpson.

BAC, recensement du Canada, 1842, comté de Rouville, Bas-Canada.

BAC, recensement du Canada, 1861, comté de Labelle, Buckingham, Bas-Canada.

BAC, recensement du Canada, 1861, comté de Rouville, Bas-Canada.

BAC, recensement du Canada, 1861, comté de Saint-Jean, Bas-Canada.

BAC, recensement du Canada, 1861, comté d'Ottawa-Carleton, Haut-Canada.

BAC, recensement du Canada, 1851, comté de Verchères, Bas-Canada.

BAC, RG4, C1, Provincial Secretary's Office Canada-East (P.S.O. C.-E.) 1866, vol. 590 ; 1867, vol. 604, n° 2814.

Cincinnati Historical Society Library, Cincinnati, Ohio. Catalogs.

Illinois Regional Archives Depository System, Mariage and Death Registers.

Kankakee County Death Record, 1883.

Kankakee County Mariage Record, 1870.

Osler Library, McGill University, P111, boîte 248, et 438/52, correspondance adressée à Maude Abbott.

Registres des BMS de la paroisse anglicane Christ Church, Saint-André d'Argenteuil, 1855-1881.

Registres des BMS de la mission anglicane de Sabrevois, 1848-1855, 1859-1861.

Registres des BMS de la paroisse Saint-Blaise, Grande-Ligne de l'Acadie, 1840-1850.

Registres des BMS de la paroisse Saint-Césaire, 1843-1869.

Registres des BMS de la paroisse Saint-Georges-de-Noyan, Henryville, 1836-1850.

Registres des BMS de la paroisse Saint-Jean-l'Évangéliste, Saint-Jean-sur-Richelieu, 1837-1838.

Registres des BMS de la paroisse Saint-Mathieu, Belœil, 1838-1850.

Registres des BMS de la paroisse Saint-Valentin, 1830-1840.

United States Federal Census, 1860, Warwick, Kent, Rhode Island.

United States Federal Census, 1870, Kankakee County, Kankakee, Illinois.

United States Federal Census, 1870, Worcester, Ward 3, Massacchussetts.

United States Federal Census, 1880, Newport, Kentucky.

United States Census, 1900, Hamilton County, Cincinnati City, Ohio State, June 5, 1900 ; New York City, Borough of Brooklyn, New York State, June 14, 1900.

Imprimés

Christ Church Anglican Cemetery, Saint-André d'Argenteuil.

Cincinnati Enquire, Kentucky Edition (Cincinnati), 26 novembre 1913.

Dictionnaire biographique du Canada, édition électronique.

Dictionnaire du Québec, Noms et lieux du Québec, Commission de toponymie, Les publications du Québec.

Daily News (Fort Wayne, Indiana), 26 août 1866.

L'Ancêtre, vol. 31, n° 1, Québec.

La Minerve (Montréal), 26 au 31 janvier 1867.

La revue française de généalogie et d'histoire des familles, avril-mai 2005.

Le Canada (Ottawa), 19 juillet 1866, 24 au 29 janvier 1867.

Le Journal de Montréal (Montréal), 25 mai 2006.

Le Point, hors-série, *Les textes fondamentaux du christianisme*, novembre décembre 2006, Paris, 2006.

Morning Chronicle (Québec), 24 janvier au 11 février 1867.

Nos Racines, vol. 8.

Ottawa City Directory 1864-65, Toronto, Mitchell's & Co's, 1864.

Ottawa city, Carleton and Russel Directory, Ottawa, James Sutherland, 1866.

Parcs Canada, fiche d'information sur Maude Abbott.

Programme – Souvenir 75ᵉ anniversaire, Ville de Buckingham, P.Q., 1965.

The Montreal Gazette (Montréal), 23 janvier au 4 février 1867.

The Montreal Herald (Montréal), 23 janvier au 4 février 1867.

The Montreal Weekly Witness (Montréal), 1ᵉʳ février au 15 mars 1867.

The Ottawa Daily Citizen (Ottawa), 9 au 26 juillet 1866, et du 24 janvier au 4 février 1867.

The Ottawa Times (Ottawa), 25 et 29 juin 1866, 24 janvier au 1ᵉʳ février 1867.

The Portsmouth Times (Portsmouth), 3 février 1877.

Études

ABBOTT, Elizabeth L., *All Heart*, Sainte-Anne-de-Bellevue, 1997.

ALDRED, Diane, *Le chemin d'Aylmer Road*, Aylmer, Association du patrimoine d'Aylmer, 1993.

BERNIQUEZ, Chantal et VILLEMAIRE, Luc, *Histoire du Barreau de Hull des origines à nos jours (1889-1989)*, Hull, Barreau de Hull, 1989.

BIZIER, Hélène-Andrée, *La petite histoire du crime au Québec*, Montréal, éd. Stanké, 1981, pages 82 à 84.

BONENFANT, Jean-Charles, « La dernière session de l'Union » dans *Les Cahiers des dix*, Montréal, 1965.

CORNWELL, Patricia, *Jack l'Éventreur : affaire classée*, éditions des Deux Terres/Le livre de poche, 2003.

DARMON, Pierre, *La malle à Gouffé : le guet-apens de la Madeleine*, Paris, éd. Denoël, 1988.

DAVID, L.-O., *Mélanges historiques et autres*, Montréal, Libraire Beauchemin limitée, 1926.

DESSAULES, Louis-Antoine, *Petit bréviaire des vices de notre clergé*, texte établi par Georges Aubin, Trois-Pistoles, éd. Trois-Pistoles, 2005.

DUCLOS, R.-P., *Histoire du protestantisme français au Canada et aux États-Unis*, Montréal, Librairie Évangélique, 1913 (?).

FROST, Stanley B., « The Abbotts of McGill », in *McGill Journal of Education*, Vol. 13, No, 3 (Fall 1978), pp. 253-270.

GRÉGOIRE, Jeanne, « L'Institut Feller, de la Grande Ligne » dans *Mémoires de la société canadienne-française*, vol. XXXI, n° 3, Montréal, 1980, p. 196 à 211.

HAIG, Robert, *Ottawa, City of the Big Ears – The intimate, living story of a city and a capital*, Ottawa, 1969.

HODEL, Steve, *L'affaire du dahlia noir*, Paris, éd. du Seuil, 2003.

JODOIN, Claude, *Mes aveux sur le Clan Dubois*, Montréal, Les éditions Quebecor, 1983.

LAMARRE, Jean, *Les Canadiens français et la guerre de sécession*, Montréal, VLB éditeur, 2006.

LAPOINTE, Pierre-Louis, *Au cœur de la Basse-Lièvre la ville de Buckingham de ses origines à nos jours 1824-1990*, Buckingham, Ville de Buckingham, 1990.

LAPOINTE, Pierre-Louis, *Les Québécois de la bonne entente*, Sillery, éd. du Septentrion, 1998.

La Vallée du Richelieu, introduction à l'histoire et au patrimoine, Ministère des Affaires culturelle, Québec, 1981.

LEDOUX, Albert H., *French-Canadian Families of Kankakee & Iroquois Counties Illinois*.

LESSARD, François-J., *Les héritiers de l'impérialisme romain*, Saint-Zénon, éd. Louise Courteau, 2005.

LUSSIER, Jacqueline, Analyse brève demandée par et remise à Raymond Ouimet, 3 mars 2005.

MacDERMOT, H. E., *Maude Abbott – A Memoir*, Toronto, The MacMillan Co. of Canada Ltd., 1941.

PROULX-FORAN, Rita, *Recensement nominatif des familles d'Aylmer (comté d'Ottawa) 1851*, Hull, Société de généalogie de l'Outaouais, 1997.

ROY, Pierre-Georges, *Les juges de la province de Québec*, Québec, Service des archives du gouvernement de la province de Québec, 1933.

SENIOR, Elinor Kyte, *Les habits rouges et les patriotes*, Montréal, VLB, 1997.

SLATTERY, T.P., *They've got to find me guilty*, Toronto, Doubleday Canada Ltd, 1972.

SOURNIA, Ruffié, *Les épidémies dans l'histoire de l'homme – De la peste au Sida*, Paris, Flammarion, 1984.

TAYLOR, John H., *Ottawa, an Illustrated History*, Toronto, éditions James Lorimer & Co. and Canadian Museum of Civilization, National Museums of Canada, 1986.

THOMAS, C., *History of the Counties of Argenteuil, Que., and Prescott, Ont. From the earliest settlement to the present*, Montréal, John Lovell & Son, 1896.

WAUGH, Douglas, *Maudie of McGill*, Toronto, Hannah Institute and Dundurn Press Limited, 1992.

WEIL, Françoise, *Les Francos-Américains, 1860-1980*, Belin, coll. Modernité XIXᵉ et XXᵉ, 1989.

Banque de données

BMS 2000

Communications

Abbott, Elizabeth, Sainte-Anne-de-Bellevue, nombreux échanges de correspondance sur les familles Abbott et Babin, 2003-2006.

Bastien, Mario, communication d'un poème le 9 novembre 2006.

Grant, Anna M., archiviste à l'Université Bishop's, communications des 19 et 20 novembre 2003 sur les études des Babin au collège Bishop's.

Houde, Mary, Refdesk Archives, Université McGill, 15 février 2005, communication sur les études de Thomas Walsh.

Ledoux, Albert, communication de recensements étasuniens, 2005.

Lemercier, Sophie, archiviste du diocèse anglican de Montréal, communication sur Sabrevois, 7 avril 2006.

Moore, Jerry Allen, Alexandria, Kentucky, communication d'une photographie de la pierre tombale de Jérémie Babin à Newport, KY, 12 août 2005.

INDEX

37, 39-44, 47-50, 52-56, 59, 67, 71, 73-76,
85, 90, 93, 101, 102, 104, 108, 110, 111, 113,
114, 122, 127-130, 134, 137, 141, 154, 155, 157,
158, 160
Bujold, Lois McMaster   143
Burbank   48, 75

--- C ---

Cadieux, Pauline   66
Caïn   121
Cajetamina   27
Campbell, Charles A.   97
Campbell, W. A.   111
Canada   12, 17, 24, 30, 31, 32, 49, 62, 64,
65, 66, 86, 100, 111, 115, 120, 121, 136, 145,
157
Canada-Est   21
Canada-Ouest   21
Canada-Uni   14, 16, 28, 48, 49, 56, 61, 64,
148
Capellari, Bartolomeo Alberto   27
Cartier, George-Étienne   63, 64
Chaudières   48, 130
Chevalier de Lorimier   25
Chicago   30, 114
Chine   21
Christ Church   23, 31, 117, 119, 145
Cincinnati   11, 118, 121, 122, 123, 143
Clarence   108, 157, 159
Colborne, John   31
Collège d'Ottawa   134
Cook, Eliza   97
Cornwell, Patricia   17
Côté, Cyrille-Hector-Octave   25, 26
Courteline, Georges   83

--- D ---

Daoust, Jacques   16, 73
Delorme   136
Derome, Wilfrid   21
Dufferin, chutes   13, 14, 70, 129
Durie, John   97

--- E ---

Elgin, rue   48

--- F ---

Fauner, John   74, 75
Ferguson, Alexander   19, 20
Ferguson, E. A.   123
Fidelis, Fortunato   22
Flats   87, 88, 138
Fodéré   22
Fontaine, Jean de la   99
Fort Wayne   61
Frédérick-Fournier, Jocelyne   61
Fronteau   28
Fulford, Francis   67

--- G ---

Gagnon, Julien   26
Gallipolis   143
Gambier   121
Gatineau   13, 37, 48, 60
Gauthier-Larouche, Thomas   51
Gavin, Daniel   28
Gavin, Lucy   97
Gérard   87
Girouard, Jean-Joseph   32
Godefroy, M.   127
Graham, John   106, 107
Grande-Ligne de l'Acadie   24, 25, 26
Grant, Anna   29

TABLE DES MATIÈRES

DE L'AUTEUR

L'affaire Tissot - Campagne antisémite en Outaouais, Montpellier, Écrits des Hautes-Terres, 2006.

Catherine de Baillon - Enquête sur une fille du roi, en collaboration avec Nicole Mauger, Sillery, éd. du Septention, Paris, éd. Christian, 2001.

Hull : mémoire vive, Hull, Vents d'Ouest, 2000.

Le Grand Feu, bande dessinée en collaboration avec Christian Quesnel, Ottawa, éd. du Vermillon, 1999.

Une ville en flammes, Hull, Vents d'Ouest, 1996.

Histoires de cœur insolites, Hull, Vents d'Ouest, 1994.

Pierre Miville, un ancêtre exceptionnel, Québec, éd. du Septentrion, 1988.

--- **Nouvelles** ---

« La photographie » dans *Petite danse de macabré*, Hull, Vents d'Ouest, 2002.

« Le Picotté » dans *La crise. Quelle crise ?*, Hull, Vents d'Ouest, 1994.

La mystérieuse affaire Babin
Une énigme enfin résolue

est le huitième titre de la collection « Outaouais »
et le cinquante-septième publié par Écrits des Hautes-Terres.

Direction littéraire
Pierre Bernier

Codirection artistique
Laurence Bietlot
Jean-Luc Denat

Composition et mise en pages
Mario L'Écuyer

Conception de la page couverture
et image de marque
Jean-Luc Denat

Achevé d'imprimer en octobre 2007
sur les presses de l'**Imprimerie Gauvin limitée**
pour la maison d'édition Écrits des Hautes-Terres

ISBN : 978-2-922404-55-5

Imprimé à Gatineau (Québec) Canada

FSC

Recyclé
Contribue à l'utilisation responsable
des ressources forestières

Cert no. SGS-COC-2624
www.fsc.org
© 1996 Forest Stewardship Council